CAFÉ

LEOPOLD HAWELKA

www.hawelka.com

Leopold Hawelka

Ziehen

Sonja Moser

Das Hawelka

GESCHICHTE & LEGENDE

Herausgegeben von der
Familie Hawelka

Für [illegible]
Leon Hawelka

18.2.2010
WIEN

Pichler Verlag

ISBN 978-3-85431-500-1

Buchgestaltung:
Bruno Wegscheider

Bildbearbeitung und Reproduktion:
Pixelstorm, Wien

Druck und Bindung:
Finidr, Český Těšín

INHALT

„Es sind immer die Menschen, die ein Kaffeehaus ausmachen", pflegten unsere Großeltern zu sagen. Im vorliegenden Werk wird nicht nur das Café Hawelka mit allen seinen Akteuren in den Mittelpunkt gerückt, sondern auch ein weiterer Versuch gestartet, das Wesen und den Ursprung des Wiener Kaffeehauses zu ergründen. Diesmal jedoch aus der Sicht einer Kaffeesiederdynastie und mit den Geschichten rund um ein Lokal, das dank des Fleißes seiner Gründer und der Treue seiner Gäste Weltruhm erlangt hat. Die Familie wünscht Ihnen mit bestem Gewissen ein unterhaltsames Lesevergnügen.

Die Herausgeber

Leopold Hawelka   Günter Hawelka   Amir Hawelka   Michael Hawelka

Vorwort

Das Wiener Kaffeehaus hat eine ruhmvolle Vergangenheit und mit diesem Buch halten Sie einen unentbehrlichen Leitfaden zu diesem bedeutenden Kulturträger in Ihrer Hand. Es führt Sie durch Geschichten und Legenden, aus denen sich das Kaffeehaus in seiner Einzigartigkeit entwickelt hat. Es ist weit mehr als ein Ort, der von Touristen gestürmt wird, oder ein Platz, an dem man kurz Halt macht, um Kaffee zu trinken. Es ist Teil der umfassenden Wiener Kulturgeschichte – verbunden mit Witz und Charme. Der Grundstein für diese Institution, die Wien weltweit zur Kaffeehausstadt und das Kaffeetrinken selbst zu einer hohen Kunst erhoben hat, wurde bereits vor über 325 Jahren gelegt. Sie erfahren vieles, was Sie als Kaffeehausfreund über Kaffee und Kaffeehauskultur wissen sollten. Wie ist der Kaffee nach Wien gekommen? Wie und wo ist dieses kostbare Gut entdeckt worden? Sie lernen das erste Kaffeehaus der Welt kennen und seine Entwicklung bis zum heutigen Künstler- und Literatencafé, Sie erfahren alles über den Wiener Kaffeehaus-Ober und die unterschiedlichsten Gäste. Infolge von Krisen und Revolutionen ist es beinahe verwunderlich, dass es das „Wiener Kaffeehaus" heute überhaupt noch gibt. Es ist ein Phänomen, das mit sonst nichts auf einen Nenner gebracht werden kann. Es gibt fast so viele unterschiedliche Kaffeehäuser, wie es Weltanschauungen gibt, und im Idealfall ist es ein Ort, an dem sich jede Einzelheit harmonisch mit dem Gesamtbild vereint. Eine solche Besonderheit will mit all seinen Gesichtern erforscht und erlebt werden.

Das Café Hawelka erzählt Historisches und Legenden, schreibt selbst Geschichte und vereint die Wiener Kaffeehauskultur mit seiner jahrzehntelangen Tradition. Von der Gründerzeit an bis in die Jetztzeit zeigt Ihnen dieses kleine Kaffeehaus unermüdliches Durchhaltevermögen, Einfühlungsvermögen und jene traditionelle Raffinesse, für die der Name „Hawelka" steht. Es gilt bis heute als *das Künstlercafé* in Wien – sei es aufgrund der zahlreichen Literaten und Künstler aus vergangener Zeit, die hier ihre Spur hinterlassen haben, oder wegen der jungen Intellektuellen, die es immer wieder gerne aufsuchen. Das Hawelka ist nicht bloß ein Kaffeehaus mit individuellem Charme – es ist ein Zuhause, in das Sie dieses Buch einlädt.

„Das „Hawelka" ist ein vollends geläufiger Begriff für jeden, der irgendwie mit dem geistigen Leben Wiens verknüpft und verbandelt ist: man trifft sich „im Hawelka". Zugleich ist es eine jener Inseln, deren es auch zu Paris und London einige gibt, wo die Atmosphäre einer Stadt undurchkreuzt beisammen bleibt, im guten Vertrauen, sie werde am Ende doch die jüngere bleiben, nach allen Modernitäten, die so rasch altern. Ein Wiener Café – ein echtes, wie dieses hier – gibt es nirgends sonst in der Welt: und kommt man aus dieser, so kehrt man – „in's Hawelka" heim.

Heimito Doderer

9. April 19[illegible]

Rechts: Heimito von Doderer

DAS HAWELKA GESCHICHTE UND LEGENDE

CAFÉ
LEOPOLD
HAWELKA

Wien – eine Stadt mit unverkennbarem Charme, der sich mit jedem Eindruck neu entfaltet und seinen Zauber auf uns wirken lässt. Wir genießen die Innenstadt, schlendern durch die Einkaufsstraßen, haben uns zuvor kulturell gesättigt und drängeln nun durch die Menschenmenge im Stadtzentrum. Wir suchen Ruhe, aber keine Langeweile, und biegen – nun doch ein wenig erschöpft – in eine schmale, recht ruhig erscheinende Seitengasse – in die Dorotheergasse. Eine gute Schale Kaffee in entspannter Atmosphäre wäre jetzt genau das Richtige. Die doppelte Flügeltür mit der Hausnummer 6 spricht uns in ihrer schlichten, unaufdringlichen Erscheinungsform an und macht uns neugierig.

Kaum haben wir das Lokal betreten, überrascht es uns mit einer vorerst unbeschreiblichen Atmosphäre. Kein Lärm, keine trällernde Musik, nur Beschaulichkeit mit angenehmem Kaffeehausgemurmel untermalt, erklingt die Melodie des Kaffeehauses der Familie Hawelka in einer seltsamen Ruhe beinahe so, als seien wir durch ein Zeitfenster gegangen.

Hier sitzen wir nun auf Thonetstühlen und Plüschbänken an Marmortischen und lassen uns bereitwillig in den Bann einer Atmosphäre des „In-sich-Ruhens" ziehen … schwelgen in Erinnerungen … beobachten … unterhalten uns … lesen … genießen … arbeiten … jeder für sich – ganz individuell – je nach Stimmung – in dieser außergewöhnlichen, heute schon sehr selten gewordenen Atmosphäre, einer Aura, die uns als feines Gespinst aus Tradition, Kultur und Einfühlungsvermögen entgegentritt. Wahrnehmen … sinnieren … memorieren … man möchte sie festhalten – diese Emotionen, die uns durchfließen – dieses Ambiente, das zu einer Sehenswürdigkeit des äußeren Auges und des inneren Seelenfensters geworden ist. Alte Wiener Kaffeehaustradition wirkt mit all ihren Gesichtern auf jeden Einzelnen von uns, in einer ganz speziellen vornehmen Art und Weise. Jedem ist bewusst, dass niemand etwas Derartiges in dieser Form erfinden oder über Nacht eröffnen kann.

Das Café Hawelka ist aus einer Aussaat von Liebe entstanden … durch Hingabe und Empfindsamkeit gewachsen … und in einem Jahrzehnte langen Reifeprozess zu dem geworden, was es heute ist – ein wundersamer Ort, an dem Kultur und Tradition des Wiener Kaffeehauses von einstmals weiterleben. Die Wiener Kaffeehauskultur trägt ein Bild in sich, das sich aus unzähligen Mosaiksteinchen, über Jahrhunderte hinweg, zu einem prachtvollen Kunstwerk entwickelt hat.

Der Ursprung des Kaffeehauses

Der Grundstein dafür, dass speziell die Wiener in einer solch angenehmen, einzigartigen Atmosphäre täglich Kaffee genießen können, wurde – einer oft erzählten Legende zufolge – von einem ganz besonderen Mann gelegt.

Im Jahr 1683 wurde Wien, die Residenzstadt der Habsburgerkaiser, bereits zum zweiten Mal von den Türken belagert. Die Stadt wurde damals unter der Leitung des tapferen Kommandanten Graf Ernst Rüdiger von Starhemberg zunächst erfolgreich verteidigt. Doch die Lage wurde immer bedrohlicher und ein schreckliches Ende für die Stadt Wien war vorauszusehen. Herzog Karl von Lothringen kommandierte zu damaliger Zeit die kaiserliche Armee, die nördlich der Donau stand. Doch niemand in Wien wagte es, nachdem einige Boten bereits gescheitert waren, sich erneut auf den Weg zum kaiserlichen Heer zu machen, um Herzog Karl den Ernst der Lage zu schildern.

Georg Franz Kolschitzky (auch *Kulczycki)*, ein 1644 zu Stary Samborin in Polen geborener Kaufmann, der früher als Dolmetsch der Wiener Orientalischen Handelskompanie diente, hatte das Osmanische Reich schon einige Male bereist, längere Zeit in Belgrad gelebt und war daher mit der Sprache und den Sitten fremder Länder sehr gut vertraut. Der 39-jährige Handelsmann zog nun freiwillig los, um von Herzog Karl von Lothringen Hilfe für die Stadt zu erbitten. Daraufhin gelang es dem kaiserlichen Heer, zusammen mit dem Polenkönig Johann Sobieski und dessen Truppen, vom Kahlenberg und den umliegenden Anhöhen des Wienerwaldes aus, die türkische Belagerungsarmee unter Großwesir Kara Mustafa anzugreifen und vernichtend zu schlagen. Als Dank für seine Leistungen – so erzählt nun die Legende – erbat sich der bescheidene, vielleicht auch ein wenig auf seinen eigenen Vorteil bedachte Kolschitzky, die von den Türken zurückgelassenen Säcke mit den grünlichen Bohnen, in denen jeder andere nur Kamelfutter vermutete. Während so manch einer darüber spöttelte und lachte, ahnte Kolschitzky sehr wohl, von welch erheblichem Wert der Inhalt dieser Säcke war. Er erkannte die Kaffeebohnen und wusste über den begehrten türkischen Kaffee Bescheid. Er war bestens darüber informiert, wie man aus diesen grünlichen Bohnen das erregende schwarze Heißgetränk, das ihm schon auf seinen Geschäftsreisen im Orient angeboten worden war, brauen konnte. Und genau mit dieser Geschäftsidee soll er das erste Kaffeehaus im damaligen Schlossergassel, im späteren Haus „Zur blauen Flasche“ im heutigen 1. Bezirk, Stock-im-Eisen-Platz 4,

Was wäre Wien ohne den Kaffee? Hätte es den polnischen Kaufmann Georg Franz Kolschitzky nicht gegeben, würden wir heute nur Fruchtsaft und Wasser trinken. Das ist zwar auch gut, aber das Wiener Herz würde nur halb so vergnügt schlagen.

eröffnet haben. So weit die liebgewordene Legende, die Ende des 18. Jahrhunderts von einem Piaristenpater in Umlauf gesetzt wurde – aber tatsächlich zeigt sie nur, dass Kolschitzky es verstand, seinen Namen geschickt im Spiel zu halten.
Von Historikern wurde belegt, dass Kaiser Leopold I. dem Armenier Johannes Diodato (auch *Deodatus*) als Belohnung für besondere Verdienste als Kundschafter im Türkenkrieg die Erlaubnis, für volle zwanzig Jahre in Wien Kaffee verkaufen zu dürfen, erteilte. Diodato wollte sich 1688 bei der Belagerung Belgrads durch Max Emanuel von Bayern weitere Lorbeeren als Spitzel verdienen. Dabei wurde er in eine Spionageaffäre verwickelt und als Doppelspion angeklagt. Damit war es mit Diodatos Lizenz, das Wiener Kaffeehausgewerbe offiziell weiter betreiben zu dürfen, endgültig vorbei, und er übersiedelte nach Venedig. Diodatos fragwürdige Geschäftspraktiken haben für die Wiener Kaffeehausfreunde keinerlei Bedeutung mehr. Historisch gesehen gilt er als der offizielle „Pionier des Wiener Kaffeehauses". Lange Zeit erinnerte eine Wandtafel in der Rotenturmstraße 14, am damaligen Hachenbergischen Haus, an Diodatos erstes Kaffeehaus, das er 1685 dort eröffnete. Am 16. September 2004 wurde im Herzen von Wieden, im 4. Wiener Gemeindebezirk, der ehemalige „Mini-Beserlpark" in der Schäffergasse in „Johannes-Diodato-Park" umbenannt, eine Anerkennung seiner Leistung als bedeutender Wegbereiter der Wiener Kaffeehauskultur.
Das Wort „Kaffee" soll aber bereits im 9. Jahrhundert in der Provinz Kaffa in Äthiopien erwähnt worden sein. Einer Erzählung zufolge war es zur damaligen Zeit den Mönchen eines Klosters aufgefallen, dass ihre Ziegen, nachdem sie abends von den Ziegenhirten in den Stall gebracht worden waren, bis spät in die Nacht hinein umhersprangen und dabei aufgeregt meckerten. Als sich diese ungewöhnliche Lebhaftigkeit ihrer Ziegen einige Male wiederholte, ging den Mönchen das ständige Gemecker, das ihnen Nacht für Nacht den Schlaf raubte, enorm auf die Nerven, und die Ziegenhirten erhielten strengste Anweisung, die Herde tagsüber nicht mehr aus den Augen zu lassen. Genau wie an den Tagen zuvor hatten die Ziegen von einem Strauch mit weißen Blüten und roten Früchten gefressen, die den Mönchen bislang völlig unbekannt waren und ihre Neugierde schürten, sodass sie selbst die kirschartigen Früchte probierten. Doch ein intensiver Bittergeschmack bewog sie, die dunkelroten Früchte ins Feuer zu werfen, um etwas derartig Ungenießbares zu vernichten. Das Röstaroma ließ nicht lange auf sich warten und erfasste ihre Geruchs- und Geschmackssinne. Sie retteten die braun gebrannten Kirschen aus dem Feuer und übergossen die heißen Früchte mit Wasser, um sie erneut zu probieren, wobei ihnen die

BEVANDA
ASIATICA,
BRINDATA
all'Eminentissimo
BONVISI,
Nunzio Apostolico appresso la Maestà dell'Imperatore, &c.
Da LUIGI FERDINANDO
CO. MARSIGLI,
Che narra l'Historia Medica del Cavè.

VIENNA d'AVSTRIA,
Appresso GIO: VAN GHELEN, 1685.

Oben: Auftakt zum Siegeszug des Kaffees: eine Schrift des türkischen Autors Hezarfenn über das neue „asiatische Getränk" aus dem Jahre 1685.

Linke Seite: Die Entsatzschlacht vor Wien am 12. September 1683. Ölgemälde von Franz Geffels. Wien Museum.

dunkle Flüssigkeit als munter machendes, prickelndes Getränk zu munden begann. Von diesem Tag an gab es kaum noch einen Mönch, der bei seinem Abendgebet mit dem Schlaf zu kämpfen hatte.

Dieser amüsanten Legende zufolge nehmen wir an, dass die Provinz Kaffa in Äthiopien das Ursprungsland des Kaffees ist. Das Wort Kaffee leitet sich aber nicht vom Provinznamen Kaffa ab, sondern von dem altarabischen Wort *Qahwah,* was „das Erregende" bedeutet.

Vermutlich gelangte der Kaffee etwa im 12. Jahrhundert von der Provinz Kaffa weiter nach Mekka und wurde in Arabien vorerst nur als Allheilmittel verwendet. Erst als der Kaffee im 16. Jahrhundert in das Osmanische Reich gebracht wurde, begann sich eine erste Kaffeekultur zu entwickeln, und bald wurde er zum heiß begehrten Volksgetränk der Türken.

Auf venezianischen Schiffen gelangten die ersten Kaffeesäcke nach Venedig, und 1645 wurde mit der Eröffnung des ersten Kaffeehauses Europas in der Lagunenstadt ein wichtiger Grundstein für die weitere Entwicklung der gesamten europäischen Kaffee- und Kaffeehauskultur gelegt.

Der kleine Binnenhafen von Oxford wurde im Jahre 1650 der Ausgangspunkt für die Verbreitung des Kaffees in England. London eröffnete 1652 sein erstes Kaffeehaus und bereits um 1700 zählte man allein in der Hauptstadt des Königreichs über 2000 Kaffeehausbetreiber. Ab 1840 wurde Indien zu Englands Kaffeeproduzent. In der Folge erwuchs dem Kaffee durch die mit Indien ebenso verbundene, sehr hochwertige Teekultur ernsthafte Konkurrenz.

1669 brachte ein türkischer Botschafter den Kaffee an den Hof von Versailles; 1672 eröffnete in Paris das erste Kaffeehaus, und rasch eroberte das neue genussvolle Getränk die französische Metropole – 1807, Napoleon befand sich auf der Höhe seiner Macht, war Paris mit seinen 4000 Kaffeehäusern zur „Kaffeehausstadt Europas" geworden.

1677 wurde das erste Kaffeehaus im norddeutschen Raum, in Hamburg eröffnet. Sechs Jahre später gelangte der Kaffee endlich nach Wien. Wie bereits erzählt, wurde er 1683 vom türkischen Belagerungsheer unter Kara Mustafa vor den Wiener Festungsmauern zurückgelassen.

Nicht nur in Säcken überquerte der Kaffee die Weltmeere und etablierte sich auf dem gesamten Globus als begehrtes Gut – auch als Strauch trat er im 15. Jahrhundert von Jemen aus seine Weltreise an.

Der Kaffeebaum entwickelt sich am besten in sehr humusreichen, lockeren Urwaldböden. Die jungen Pflanzen benötigen viel Schatten, um bestens gedeihen zu können. Nicht selten werden um sie herum Schattenbäume gepflanzt, die die jungen Kaffeepflanzen auf den riesigen Plantagen vor der Sonne schützen. Die Kaffeepflanze wird erst ab dem sechsten Jahr ertragreich, wobei die größtmögliche Ernte zwischen dem zehnten und dem fünfzehnten Lebensjahr des Baumes liegt. Das Höchstalter beträgt zwanzig bis dreißig Jahre.

1696 pflanzten die Holländer zum ersten Mal auf ihrer Kolonie Java Kaffeesträucher an. Ein paar Jahre später (1706) wurden bereits erste Proben von javanischem Kaffee genommen und danach Jungpflanzen direkt nach Amsterdam verschifft, wo sie im botanischen Garten sorgsam gepflegt wurden. Als eine der einflussreichsten Seemächte dieser Zeit sorgte Holland dafür, dass sich der Kaffeeanbau im Malaiischen Archipel, auf Sumatra und Celebes, weiter ausbreitete und der Anbau auf Plantagen üblich wurde. Erst 1718, als die Holländer die Kaffeepflanzen an die Nordostküste von Südamerika brachten, erreichte der Kaffee jene Region, die schon bald zum Kaffeezentrum des gesamten Erdballs werden sollte – Brasilien ist bis heute der größte Kaffeeproduzent, der die ganze Welt beliefert.

Auch die Franzosen versuchten vergeblich, das kostbare Pflanzengut in ihr Land zu schaffen. Lange Zeit misslangen alle Versuche, es von den Niederlanden nach Frankreich zu transportieren, bis 1714 von Amsterdam aus eine eineinhalb Meter hohe Jungpflanze direkt an den „Sonnenkönig" Ludwig XIV. geschickt wurde. In der Folge gründeten die Franzosen in ihren Kolonien an der Elfenbeinküste die ersten Kaffeeplantagen. Die lokalen afrikanischen Pflanzen erwiesen sich rasch als resistenter und eroberten zu Beginn des 20. Jahrhunderts Ostafrika.

1790 versuchte man erstmals den Kaffeeanbau in Mexiko, und 1825 gelangten die ersten fruchtbaren Samenkerne nach Hawaii, wo bis heute der einzige US-amerikanische Kaffee angebaut wird.

Der Kaffee dient in seiner speziellen Eigenart nicht nur dem Trinkgenuss. In vielen Heil- und religiösen Ritualen ist Kaffee wegen seiner belebenden Wirkung ein fester Bestandteil geworden.

Einem Ritual kultureller Art gleicht der Kaffeegenuss im Café Hawelka. Die vergnügliche Stimmung der Kaffeehausgäste zeigt, dass hier Kaffeetrinken zu einer wahren Sinnesfreude geworden ist. „Kaffee macht menschenfroh" und animiert zu beflügelnder Plauderei. Aber es ist nicht nur der Kaffee allein, der die Gäste auf den

CAFÉ
LEOPOLD
HAWELKA

ARABIA Café

Stühlen hält. Zweifellos genießen sie hier alle übereinstimmenden Gegebenheiten als eine ganz besondere Zutat ihres Kaffeehausbesuches. Es ist die Aura des Gesamtbildes, die Verbindung von alter Kultur und lange weitergeführten Traditionen, die hier noch erhalten sind und die Menschen an die Kaffeehaustische fesselt.

Ob nun in Wien Kolschitzky oder Diodato – Legende oder Historie –, die Idee, dem Kaffee einen eigenen Raum zu verschaffen, hatte man bereits im Jahre 1554 in Konstantinopel. Die Stadt wurde zuvor in Istanbul umbenannt, und eine der ersten Neuerungen in der Stadt war das Kaffeehaus, das daraufhin auf der ganzen Welt sehr großen Zuspruch gefunden hat.

Das erste Kaffeehaus der Welt war eine kühle, eher unpersönliche Säulenhalle. Allerdings wurde der Kaffee, den die Kahwedschis aus braunen Kaffeekirschen, die sie in einem Holzmörser mit einem Stößel geduldig und kraftvoll zerstießen, das Pulver in einen Inrik leerten, es mit heißem Wasser verrührten und über dem Feuer, den daraus entstandenen Sud zehnmal aufkochten und die schaumige, dunkle Brühe in kleine Porzellanschalen gossen, bereits auf Silbertabletts serviert. Muslime, Juden und Christen füllten das Kaffeehaus bis auf den letzten Platz und erfreuten sich an dem Getränk und am Wohlklang von Tamburin, Mandoline und Flöte, die im Zusammenspiel mit Klanghölzern für eine angenehme Stimmung sorgten. Nicht bloß Unterhaltung zog die Menschen in dieses erste Kaffeehaus. Sehr bald entdeckten die Poeten am Goldenen Horn die besondere Zweckmäßigkeit dieses neuen Ortes des Genusses und begannen hier ihre Arbeiten zu verrichten, was immer größeren Zuspruch fand. Vermutlich wurde bereits damals völlig unbewusst der Grundstein zum späteren Literatencafé gelegt. Bis heute hat die Tradition, Gedichte und Geschichten in türkischen Kaffeehäusern zu erzählen, einen erheblichen Stellenwert und die Menschen finden sich einmal pro Woche zusammen, um sich an den spannenden Fortsetzungsgeschichten der Dichter zu erfreuen.

Auch in Wien wurde der orientalisch-exotische Genuss zu Beginn in Kaffeehausgewölben, die nur mit den allernötigsten Mitteln ausgestattet waren, angeboten. An Gemütlichkeit und Kaffeehausatmosphäre, wie wir sie heute kennen und genießen, war noch lange nicht zu denken. Dennoch fanden sich die Menschen immer häufiger in diesen „Kaffeehauskatakomben“ zusammen.

Unmittelbar nach Kolschitzky und Diodato eröffnete der Armenier Isaak De Luca 1697 sein erstes Kaffeehaus. Es gab zu dieser Zeit noch drei weitere Armenier – Joseph Devich, Andre Ben und Philip Rudolph Perg –, die in Wien Kaffee ausschenkten. Die insgesamt vier Kaffeesieder lieferten sich um 1700 einen unlauteren Wettbewerb, bis Kaiser Leopold I. eingriff und Ordnung in das Wiener Kaffeehausgewerbe brachte. Sehr bald gewannen die Kaffeehäuser mehr und mehr an Beliebtheit, und der Kaiser musste feststellen, dass die vier konzessionierten Kaffeehäuser bei weitem nicht genug waren. Um dem Schwarzgeschäft vorzubeugen, erteilte er weiteren sieben Kaffeesiedern die Bewilligung, offiziell in die Kaffeehauswirtschaft einzusteigen. Die größten Konkurrenten dieser nunmehr elf Kaffeesieder waren die Schnapsbrenner, die unerlaubterweise Kaffee anboten. 1747 sorgte Maria Theresia für ein Ende des Streits, indem sie die beiden „Bruderschaften" zusammenlegte, woraus sich bis 1779 38 berechtigte Kaffeehausbetriebe bildeten. Damit zeichnete sich gegen Ende des Jahrhunderts der erste spürbare Aufschwung in der Wiener Kaffeehauswirtschaft ab.

Demnach fühlten sich die Wiener von Anfang an im Kaffeehaus wohl und suchten förmlich nach einem Grund, sich länger als nötig dem Genuss einer Schale Kaffee hingeben zu können. Im Gegensatz zu heute war es damals vorwiegend der Kaffee, der die Menschen in den kalten, unpersönlichen Räumlichkeiten verweilen ließ. Jeder wollte hier dieses neue orientalische Getränk probieren. Schließlich gehörte es zum guten Ton der Gesellschaft, über alle Neuerungen Bescheid zu wissen. Jeder wollte mit dabei sein, selbst wenn den Wienern der starke türkische Kaffee so ganz und gar nicht schmeckte, so machten sie doch süße Miene zum bitteren Geschmack. Kaum jemand wagte es, sich eine Blöße einzugestehen, und gewöhnte sich mehr oder weniger an das neu eingeführte Getränk, das die Möglichkeit bot, sich in der Gesellschaft gegenüber Neuerungen als vollkommen aufgeschlossen zu präsentieren.

DAS WIENER ZEITUNGS CAFÉ UND SEIN AMBIENTE

Das Kaffeehaus ist ein Ort der Zurückgezogenheit. Man kann hier gut alleine sein – ob mit sich oder zu zweit.

Besonders stolz macht es uns Österreicher, dass trotz des späten Kaffeehausstarts hierzulande es dennoch die Wiener gewesen sind, die das Kaffeetrinken zu einer hohen Kunst erhoben haben.

Bereits um 1700 waren die schon damals sehr geschäftstüchtigen Wiener Kaffeesieder weltweit die Ersten, die für ihre Gäste gedruckte Nachrichtenblätter auflegten und damit ihren schlichten Kaffeehäusern den speziellen Ausdruck bedeutender Informationsquellen in Form von „Zeitungscafés" verliehen. Damit wurde ein Meilenstein in der Geschichte des Wiener Kaffeehauses gesetzt. Endlich hatten die Kaffeehausfreunde einen Grund gefunden, noch mehr Zeit, als für den Kaffeegenuss notwendig war, im Kaffeehaus zu verbringen.

Es dauerte nicht lange, bis die ersten Zeitungen regelmäßig erschienen sind. Neben dem *Posttäglichen Mercurius* (1703) und dem *Il corriere ordinario* (1671) lag auch das *Wiennerische Diarium* (1703) als eine der ersten anerkannten Zeitungen im Wiener Kaffeehaus auf und berichtete über Kriege aus fremden Ländern, brachte abenteuerliche Reisebeschreibungen, gab amtliche Erlässe bekannt und informierte über Marktpreise, Geburten und Todesfälle. Es durfte allerdings nichts geschrieben

Der Chef ist immer da – ein Wahlspruch Leopold Hawelkas Zeit seines Lebens. Und Chefs müssen auch immer informiert sein.

werden, was zu kritischen Auseinandersetzungen hätte führen können. Pressefreiheit, wie wir sie kennen, gab es damals nicht. Vor dem Erscheinen der Zeitungen wurde jeder einzelne Artikel von Zensoren gelesen und geprüft. Erst nach Maria Theresias Tod erließ ihr Sohn Kaiser Joseph II. 1781 ein neues, sehr liberales Zensurgesetz. Innerhalb der nächsten sieben Jahre wurden allein in Wien sieben neue Tageszeitungen und zahlreiche Journale gegründet. Das *Wiennerische Diarium* erhielt im 19. Jahrhundert den Namen *Wiener Zeitung*. Sie zählt heute noch zu den beliebtesten Tageszeitungen der Wiener Kaffeehausgäste. Mit ihr als einer der ältesten Zeitungen der Welt beheimatet Wien einen markanten Grundstein der gesamten globalen Medienwelt.

„Das Wiener Zeitungscafé" – ein Markenzeichen, das schnell einen hohen Stellenwert in der Gesellschaft und ein unbegrenztes Maß an Beliebtheit bei den Gästen erlangte, hat heute weit über Österreichs und Europas Grenzen hinaus großen Anklang gefunden. Das Kaffeehaus hat den Marktplatz von anno dazumal, der bis dahin den öffentlichen Treffpunkt des Volkes dargestellt hat, nicht nur abgelöst, sondern auch in vielerlei Hinsicht bereichert.

In ein echtes Wiener Café gehören Zeitungen aus aller Welt – im Hawelka eine Selbstverständlichkeit …

Um dem unendlichen Wissensdurst des Wiener Kaffeehausgastes gerecht zu werden, leistete 1784 das „Kramersche Kaffeehaus" ganz in der Nähe des Grabens, im Schlossergassel, weitere Pionierarbeit: Zu jeder Seite der Eingangstür baumelte, wie es zu damaliger Zeit üblich war, eine Messingkanne, die von einem Mohren gehalten wurde. Das kleine ebenerdige Lokal glich einer dunklen Höhle. Mit Eichenholz ausgetäfelt, dünnen Goldleistchen und etwas Rokokogeschnörkel verziert, bot es mit seinem schummrigen Ambiente nur für etwa zwanzig Menschen Platz. Selbst an sonnigen Tagen saßen die Gäste im Lokalinneren in der Finsternis. Die neue Möglichkeit, Nachrichten aus aller Welt kostenlos konsumieren zu können, lockte auch sehr bald Intellektuelle und Poeten in das enge düstere Lokal. Im Gegensatz zu anderen Cafés, in denen es damals sehr laut zuging, herrschte hier Ruhe, die nur vom angenehmen Zeitungsrascheln durchbrochen wurde. Während des Kaffeetrinkens studierten die Kaffeehausbesucher die Neuigkeiten und begannen anschließend über das Gelesene zu reden, ihre unterschiedlichen Meinungen dazu preiszugeben, und die ersten Kaffeehausdiskussionen kamen zustande. So ergab es sich, dass die Menschen vom Kaffeehaus wahrhaftig eingenommen wurden und sie sehr viel Zeit an diesem Ort verbrachten. Die Möglichkeit, all das an dieser „ruhevollen" Stätte erworbene Wissen unverzüglich in die Arbeit einfließen zu lassen, machte das Kramersche Kaffeehaus zum ersten Literatencafé in Wien. Es wurde zu einem Sammelplatz der schönen Geister, der Aufklärer, jener Gelehrten des 18. Jahrhunderts, die ihre geniale Arbeit in jahrelanger Residenz fast gänzlich im Kaffeehaus vollbrachten, deren Werke jedoch weit über die Kaffeehausgrenzen hinaus an Bedeutung gewannen. Von da an wurde das Wiener Kaffeehaus zum geschäftlichen, politischen und literarischen Salon jener Volkskreise, denen kein intimerer Raum zur Verfügung stand. Den „Herrschenden des Landes" dieser Zeit war diese Stätte der Information und Kommunikation stets ein Dorn im Auge. Seit das neue, sehr liberale Zensurgesetz von 1781 Gültigkeit hatte, wurde auch sehr viel Kritik an der Monarchie unter das Volk getragen.

Ein angenehmes Zeitungsrascheln unterstreicht im Café Hawelka bis heute die dort noch erhalten gebliebene Grundstimmung eines Zeitungscafés. In der Nachkriegszeit trafen sich die Menschen vorwiegend gerne im Kaffeehaus, um wenigstens für ein paar Stunden dem grauen Alltag und ihren kalten Behausungen entfliehen zu können. Natürlich wollten sie auch täglich über die Geschehnisse, die ihre Zukunft betrafen, informiert werden. Zeitungen waren in dieser Zeit sehr teuer und für das

… und ein echter Ober weiß, welche Zeitungen seine Stammgäste bevorzugen.

Nicht immer waren Zeitungen so preiswert wie heute. Weil man im Hawelka gratis lesen konnte, war es in schwierigen Zeiten nicht nur einfach ein Café, sondern auch Umschlagplatz für Informationen.

Volk oft unerschwinglich. Die Tageszeitungen in den Cafés sahen bald so aus, als hätten die Gäste bereits seit Wochen darin gelesen, und wiesen im Laufe des Tages auch immer mehr Löcher auf. Es war zwar nicht erlaubt, aber durchaus üblich, dass sich Gäste besonders interessante Artikel sorgfältig mit einer Rasierklinge ausschnitten. Eine perfekte Informationsquelle, die sich im Café Hawelka sehr bald auch für Schriftsteller und Intellektuelle als besonders attraktiv erwies.

Wenngleich Zeitungen heutzutage durchaus erschwinglich sind, kommen die Leser nach wie vor ins Café Hawelka, um in aller Ruhe ihr Lieblingsblatt genauestens zu studieren. Selbstverständlich könnten sie es sich zuhause mit ihrer Zeitung auch auf der Couch bequem machen, aber es ist die Atmosphäre, die hier den Alltag draußen vor die Tür verbannt, keinen Stress und keine Ablenkung zulässt, sodass sich die Gäste gerne an diesen Ort des Augenblicks zurückziehen.

Während die Gäste hier in aller Gemütlichkeit sitzen und sich von den Zigarren rauchenden Zeitungslesern in eine behagliche Wohnzimmeratmosphäre versetzen lassen, sind die Anfänge des Kaffeehaussitzens für uns kaum mehr nachvollziehbar.

Bereits im 18. Jahrhundert, als die Wiener eifrig alle zur Verfügung stehenden Informationsquellen in den Kaffeehäusern studierten, legte man in Frankreich und Italien auf das äußere und innere Ambiente der Lokale erheblichen Wert. Hier gab es in den Städten bereits viele Nobelcafés, in denen ausschließlich die eleganteste Gesellschaft zu Gast war. Sie zog es vor, sich im Kaffeehaus zu präsentieren, und machte es so zu einem ausschließlich dem Vergnügen dienenden Ort. In Wien hingegen trafen sich zu dieser Zeit vorwiegend Angehörige der mittleren Gesellschaftsschicht in den schlicht gehaltenen Räumlichkeiten, studierten hier Zeitungen und Journale und widmeten sich ihrer geistigen Arbeit.

Den Wiener Kaffeehausbetreibern wurde bald bewusst, dass sie mit der Popularität der Lokale in diesen Ländern Schritt halten mussten. Behaglichkeit und Wohlfühlen wurden daher immer wichtiger, um auch die gehobene Gesellschaft auf die Gästeliste setzen zu können. Sie waren aufgerufen, ihren Kaffeehäusern ein vollkommen neues Ambiente zu verschaffen.

Etwa Mitte des 18. Jahrhunderts eröffnete der Italiener Johann Jakob Taroni im Zentrum Wiens, am Graben in der Nähe der Habsburgergasse, sein Kaffeehaus „Zum Taroni“. Damals bewegte sich die Wiener Gesellschaft an diesen Ort, um gesehen zu werden, und die Besucher aus dem Ausland kamen hierher, um all den Wohlstand

Die „Zeitungsliebhaberey" sorgte schon 1837 nicht nur für Informationsbedürfnis, sondern auch für Geselligkeit.

und Luxus, der sich hier fand, zu betrachten. Die Menschen promenierten am Graben und strahlten Reichtum aus.

Auch Johann Jakob Taroni beobachtete dieses noble Terrain im Zentrum Wiens, vor allem weil sein Kaffeehaus selbst an schönen Tagen fast leer blieb. Zahlreiche Passanten strömten an seinem Lokal vorbei, niemand machte Halt, um einzutreten. Nun verwirklichte er, als einer der ersten Kaffeesieder der damaligen Zeit, die Idee sein Lokal dem Lebensgefühl der wohlhabenden Gesellschaft anzupassen und es anhand einer erneuerten Fassade und einer behaglichen Innenausstattung dem Passanten näherzubringen. Infolge des völlig neuen, noblen Ambientes durfte er einen täglichen Gästezuwachs erleben, und endlich konnte auch die gehobene Wiener Gesellschaft den Einzug in das Wiener Kaffeehaus feiern.

Taroni war ein sehr ideenreicher Geschäftsmann und beantragte, auch vor seinem Lokal auf dem Gehsteig Tische und Stühle aufstellen zu dürfen. Nachdem seinem

Rechte Seite: Auf der Bastei in Wien ließ es sich schon 1825 gut flanieren. Wenn man genug gesehen hatte, ließ man sich sehen: im noblen „Caffehaus auf der Bastey".

Antrag stattgegeben worden war, hatte Wien etwas ganz Neues. Die Gäste hatten an Schönwettertagen die Möglichkeit, im Freien Kaffee zu trinken und dabei die Sonnentage in vollen Zügen zu genießen. Die Wiener freundeten sich schnell mit dieser angenehmen Kombination an. Die neue Atmosphäre, bei einer Schale Kaffee die Passanten beobachten zu können und auch selbst gesehen zu werden, begeisterte die Gäste und der „Schanigarten" hielt Einzug in Wien. Mit dieser einmaligen Idee brachte Taroni die Gastronomie einen bedeutenden Schritt weiter, und das über die österreichischen Landesgrenzen hinaus. Doch es sollte nicht nur beim „Schanigarten" bleiben. Taroni war auch der Erste, der ein Sommercafé in Form eines Limonadenzeltes am Graben aufstellte. Dort schenkte er vorwiegend Erfrischungsgetränke aus, als besondere Gaumenfreude unter den Passanten galt „Gefrorenes". Am 22. Jänner 1777 verstarb Johann Jakob Taroni im Alter von 71 Jahren. Sein Kaffeehaus wurde bis 1825 unter dem Namen „Zum Taroni" weitergeführt. Taronis kreativen Bemühungen folgte ein breites Echo. Jeder wollte sich verändern und Neues schaffen.
Am 9. April 1766 überraschte Joseph II. seine „Untertanen" mit einer Kundmachung im *Wiennerischen Diarium:*

Advertisment

„Es wird anmit jeder manniglich kund gemacht, was maßen Se. Kaiserliche Majestät aus allerhöchst zu dem hiesigen Publiko allermildest hegenden Zuneigung Sich allergnädigst entschlossen und verordnet haben, daß künftighin und von nun an zu allen Zeiten des Jahrs und zu allen Stunden des Tags ohne Unterschied jedermann in den Bratter sowohl als auch in das Stadtgut frey spazieren zu gehen zu reiten und zu fahren und zwar nicht nur in der Hauptallee, sondern auch in den Seitenalleen, Wiesen und Plätzen (die allzu abgelegenen Orte und dicke Waldungen wegen sonst etwa zu besorgenden Unfugs und Missbrauchs alleinig ausgenommen) erlaubet und niemanden verwehrt sein soll, sich daselbst mit Ballonschlagen, Kegelscheiben und anderen erlaubten Unterhaltungen eigenen Gefallens zu divertieren: wobey man sich aber versiehet, daß niemand bey solcher zu mehrer Ergötzlichkeit des Publici allergnädigst verstattenden Freyheit sich gelusten lassen werde, eine Unfüglichkeit oder sonstig unerlaubte Ausscheidung zu unternehmen und anmit zu einem allerhöschten Mißfallen Anlaß zu geben."
(7. April 1766 – Joseph II.)

Bis dahin hatten die Bürger und auch der Adel Wiens nur erahnen können, wie herrlich der Anblick des Praters sein musste. Im Frühling 1766 öffnete Joseph II. dieses

PROMENADE U: CAFFEHAUS AUF DERBASTEY. №60. PROMENADE ET CAFFÉ SUR LE BASTION.

Im „Silbernen Kaffeehaus“: links neben der Sitzkassierin Ignaz Franz Castelli, rechts Josef Lanner und Johann Strauß Vater, sitzend Ferdinand Raimund und Ignaz Schuster.

ansehnliche Paradies der weiten Auen für die Wiener und erlaubte ihnen, sich dort zu vergnügen. Sofort wurden drei Kaffeehäuser eröffnet, und die drei Kaffeehausbetreiber machten es inmitten dieser herrlichen Kulisse genauso wie Taroni am Graben: Sie stellten Stühle und Tische im Freien auf und bescherten den Wienern, umgeben von einer Kulisse an Blütenpracht, einen weiteren Ort, an dem sie sich wohl fühlen konnten. Es gab nichts Schöneres, als Kaffee und Kipferl in der naturgewürzten Praterluft zu genießen.

Das Wiener Kaffeehaus gewann allmählich die Bedeutung eines öffentlich zugänglichen Salons, wobei die Betreiber sich immer neue Attraktionen einfallen ließen, um den Gästen ihr Kaffeehaus möglichst nahe zu bringen. So erlangte das von Giovanni Milani 1769 eröffnete Sommercafé auf der Burgbastei sehr rasch große Beliebtheit. Das Lokal zeigte sich in elegantester Ausstattung – Marmor und kostbar bemalte Spiegel mit Pendulen bestimmten die Dekoration. Allein das Eintrittszimmer mit seinen dreißig Spiegeln glich einem Spiegelkabinett. Zeitungen in allen Sprachen –

Latein und Griechisch eingeschlossen – lockten die elegante Wiener Welt zum abendlichen Stelldichein. Das Lokal war, so berichten Zeitgenossen, stets mit Gästen überfüllt. Reiseschriftsteller und Kunstbillardspieler, Fürsten, Grafen und Generäle feierten dieses außergewöhnlich elegante Etablissement. 1790 erhielt Milani auch die Erlaubnis, ein Limonadenzelt auf der Burgbastei aufzustellen, die allerdings beim Abzug der Truppen Napoleons im Oktober 1809 gesprengt wurde. An Namenstagen der kaiserlichen Familie und auch bei sonstigen feierlichen Anlässen wurde sein Kaffeehaus prächtig und geschmackvoll beleuchtet. Vor dem Lokal scharten sich an diesen Festtagen ganze Reihen von Damen, die sich „Gefrorenes" aus dem Limonadenzelt servieren ließen.

„Die Bestimmung dieser Häuser hat sich seit ihrer ersten Entstehung unendlich weit ausgedehnt. Man trinkt nicht bloß Kaffee darin, man nimmt Tee, Schokolade, Punsch … man studiert und spielt … man plaudert, schläft, vegetiert, kannegießert, schachert, wirbt, entwirft Intrigen, Komplotte, Lustpartien, liest Zeitungen und Journale … usw." *(Zitat aus: „Skizze von Wien" von Johann Pezzl, 1786)*

1824 sorgte der Kaffeesieder Ignaz Neuner erneut für großes Aufsehen in Wien und schuf in seinen Kaffeehausräumlichkeiten ein einmaliges Ambiente. Er wandelte das „Neuner'sche Kaffeehaus", das er 1808 an der Ecke Spiegelgasse/Plankengasse im ersten Wiener Gemeindebezirk eröffnet hatte, in das „Silberne Kaffeehaus" um. Alle Tabletts, Kannen, Tassen, sogar die Türklinken und Kleiderbügel waren aus Silber. Zu den Stammgästen dieses schmucken Biedermeierlokals gehörten Franz Grillparzer, Nikolaus Lenau, Ferdinand Raimund und Adalbert Stifter. Jahrzehntelang galt dieses glänzende Etablissement als luxuriösester Literaten-Treffpunkt der Stadt.

Ein bis heute unentbehrliches Mobiliar in den Wiener Kaffeehäusern ist nach wie vor der Thonet-Stuhl. Er ist traditionell der einzige echte Wiener Kaffeehaussessel, den jeder sofort erkennt und mit dem Erfinder der Bugholztechnik – Michael Thonet – in Verbindung bringt. Michael Thonet trägt damit einen der bedeutendsten Namen in der Kulturgeschichte des Wiener Kaffeehausinventars.

Michael Thonet *wurde am 2. Juli 1796 zu Boppard in Rheinpreußen geboren. 1819 gründete er seine Ein-Mann-Schreinerei. Bereits als Schreinermeister testete Michael Thonet alle sich bietenden Möglichkeiten zur Perfektionierung der Bugholztechnik, woran er bis an sein Lebensende gearbeitet hat. 1841 wurde Fürst Metternich bei einer Ausstellung in Koblenz auf Michael Thonets Erzeugnisse aufmerksam und sprach bei Hof in Wien die besten Empfehlun-*

Bugholzmöbel mit Weltgeltung: Seit Mitte des 19. Jahrhunderts sind Michael Thonets Einrichtungsgegenstände bekannt und vor allem beliebt.

gen aus. 1842 ging Thonet auf Vorschlag Metternichs nach Wien und machte seine geniale Erfindung publik. Zusammen mit seinen fünf Söhnen setzte er 1849 seine gesamte Forschung in ein Unternehmen um, das sich ausschließlich auf die Herstellung von Bugholzmöbeln spezialisierte. Am 3. März 1871 verstarb er als großer „Pionier der Holzmaterie". Thonet-Möbel sind keine Zeugen vorindustrieller Vergangenheit, sondern klassische Wegbereiter in die Moderne. Trotz Massenproduktion hat Michael Thonet stets die Handwerksästhetik, die sich in der Materialtreue widerspiegelt, erhalten. Niemals wagte er es, dem Holz in seiner Struktur und seiner technischen Bedingtheit zu widersprechen. Original Thonet-Sessel charakterisieren bis heute das traditionelle Wiener Kaffeehaus. Der „Sessel Nr. 14" aus der variantenreichen „Thonetdesignsammlung" wurde als „der Wiener Kaffeehausstuhl" berühmt und nach seinem 150. Geburtstag als „Sessel Nr. 214" weitergeführt.

Thonets jahrzehntelange Schritt-für-Schritt-Forschung hat es anderen Herstellern sehr schwer gemacht, diese Originale zu imitieren. Thonetmöbel sind heute zu wahren Antiquitäten geworden. Selbst in den bekannten Wiener Kaffeehäusern findet man sie nur noch sehr selten in ihrer unverfälschten, vollendeten Form.

Das Unternehmen Thonet

1830: Michael Thonet beginnt in Boppard in Rheinpreußen mit der Forschung zur Bugholztechnik.
1841: Fürst Metternich rät Michael Thonet bei der Koblenzer Gewerbeausstellung in Wien, in der Metropole der Habsburgermonarchie sein Verfahren der Bugholztechnik zu verwerten. „In Boppard werden Sie immer ein armer Mann bleiben. Gehen Sie nach Wien, ich werde sie dort bei Hofe empfehlen." *(Fürst Metternich)*
1842: Im Frühjahr kommt Michael Thonet nach Wien und lässt im Herbst seine Familie nachkommen. Er beginnt in der Möbelfabrik von Franz List billige Sessel aus gebogenem Holz herzustellen.
1849: Michael Thonet und seine fünf Söhne stecken die gesamte Forschung in die Bugholztechnik, die ausschließlich der Möbelherstellung dienen soll.
November 1850: Michael Thonet präsentiert sich im k. & k. technischen Kabinett mit seiner Ausstellung von Palisandermöbeln dem Niederösterreichischen Gewerbeverein, dem er bald darauf als selbständiger Handwerker beitritt.
1851: Michael Thonet erreicht anlässlich der Weltausstellung in London mit seinen Ausstellungsstücken im Kristallpalast die höchste Auszeichnung seiner Klasse.

Der Thonet-Sessel, ein weiteres wesentliches Requisit der Hawelka'schen Bühne. Der „Sessel Nr. 14" ist der berühmteste Kaffeehaus-Stuhl aus der Thonet-Sammlung. Gelegentlich muss ein Aschenbecher dafür sorgen, dass der Tisch nicht wackelt.

Beispiele von Thonets Handwerkskunst. Solche Möbel werten jeden Raum auf und sorgen dafür, dass man sich in ihm erst so richtig wohlfühlt.

Original Thonet-Möbel
im Café Hawelka

1853: Michael Thonet gründet in Wien gemeinsam mit seinen fünf Söhnen die Firma „Gebrüder Thonet".
Am 3. März 1871 stirbt Michael Thonet als großer Pionier des technischen Fortschritts und als Paradebeispiel der Industrialisierung im 19. Jahrhundert. Er selbst war allerdings bei der Form seiner Möbel und den dekorativen Details nicht besonders kreativ – sein Bestreben lag einzig und allein in der Perfektionierung der Bugholztechnik.
1873 gab es bereits Fabriken in Bistritz und Koritschan und Geschäfte in Amsterdam, Berlin, Brünn, Brüssel, Hamburg, London, Paris, Pest und New York.
1885: Geschäfte Thonets befinden sich in Wien, Graz, Budapest, Brüssel, Amsterdam, Hamburg, Prag, Mailand und Berlin; Fabrikationsstätten gibt es in Hallenkau, Komarno, Groß-Ugrócz, Koritschan, Bistritz, Hoviesi, Wsetin, Nowo-Radomsk, Barwinek, Keltsch und Prussinowitz.
1899: Adolf Loos stattet das Café Museum mit original Thonet-Möbeln aus. Aus der Tischlerwerkstatt von Michael Thonet ist ein enormer Industriezweig geworden. Die Firma der Gebrüder Thonet hat sich zu einem Industrieunternehmen mit Weltgeltung entwickelt und in zahlreichen Ländern werden nach und nach neue Fabriken

und Warenhäuser eröffnet. Nach dem Ende des Zweiten Weltkrieges wird der einstige Weltkonzern in nationale Einzelunternehmen aufgeteilt: Thonet-Feres in Frankreich, Thonet-Industries in den USA, Thonet-Frankenberg in der BRD, Thonet-Wien, die verstaatlichten Thonet-Fabriken TON in der ehemaligen Tschechoslowakei und FAMEG RADMOSKO in Polen produzieren von da an unabhängig voneinander. Das Thonet-Haus am Wiener Stephansplatz fällt im April 1945 einem Brand zum Opfer und muss von der Familie als Ruine verkauft werden. Noch im selben Jahr nimmt die Firma Thonet-Wien die Produktion in einer Werkstatt in Wien-Landstraße wieder auf.

1948: Die Thonet-Erben pachten in der Steiermark in Rohrbach an der Lafnitz eine Fabrik.

1963 entsteht ein neues Werk in Friedberg in der Steiermark.

1971 wird eine weitere Thonet-Filiale am Wiener Kohlmarkt eröffnet.

1976 kommt es zur endgültigen Trennung zwischen Thonet-Deutschland und Thonet-Wien. Das Wiener Unternehmen wird neu als „Gebrüder Thonet Vienna" registriert.

1994: Eröffnungsfeier des „Thonet-Museums" in Friedberg in der Steiermark.

1996 Die Familie Thonet verkauft die Firma „Gebrüder Thonet Vienna" an das Unternehmen LAFO Köln.

2001 erfolgt die Übernahme durch den italienischen Konzern „Poltrona Frau".

Der „Kaffeehausjugendstil" setzte sich auch im Hawelka durch: ein Detail der Jugendstil-Tür zum Magazin.

Inventar in unverfälschter Formvollendung

Jeder, der das Café Hawelka betritt, spürt hier sofort instinktiv die Stimmigkeit des Gesamtbildes. Fast ehrfürchtig spähen die Gäste durch den Raum, als würden sie die Eigenheit eines ganz besonderen Kunstwerkes betrachten. Die Umgangsformen hier im Lokal erinnern noch an die einstmalige k. & k. Monarchie; in Verbindung mit der alten Architektur fühlen sich die Gäste in eine längst vergangene Zeitepoche versetzt. Sie sitzen hier tatsächlich auf alten Bugholzstühlen und verstaubtem Plüsch, an Marmortischen, umgeben von dunklem Holz, versehen mit stilvollen Zierleisten und Ornamenten.

Mit Thonet-Originalen zeigt sich das Café Hawelka als eines der wenigen übrig gebliebenen Wiener Kaffeehäuser, das alter Kultur und Tradition verpflichtet ist. Das Mobiliar gleicht jenem in einem behaglichen Wohnzimmer und vermittelt mit seinen

Kunstsinnig waren die Hawelkas schon immer: verspielte Details im Café vor dem Spiegel.

nicht zu stark bestuhlten Marmortischen in Kombination mit gemütlichen Plüschsofas und der gedämpften Beleuchtung ein gediegenes Ausmaß an Gemütlichkeit, die mit je einer eigenen Lichtquelle für jedes Tischchen noch unterstrichen wird. Jeder genießt diese Behaglichkeit im eigenen Reich, die diese kleinen Leuchtkörper an den Wänden und Pfeilern vermitteln. Die kunstvoll getäfelte Decke im hinteren Bereich des Kaffeehauses wurde erst in den sechziger Jahren von Leopold Hawelka wiederentdeckt und für die Gäste zugänglich gemacht.

Der Architekt Rudolf Schindler, obwohl Schüler von Otto Wagner und Adolf Loos, der von funktioneller Architektur überzeugt war, entwarf einen lieblich verzierten

„Kaffeehausjugendstil" und erzeugte mit leicht verspielten Zierleisten und Ornamenten eine wohlige Atmosphäre. In Schindlers kunstvollen Formen, die er mit Michael Thonets Bugholztechnik in Verbindung brachte, fand der Wiener Kaffeehausstil die perfekte Vollendung.

Adolf Loos hingegen lehnte alles, was mit Schnörkel und Verzierungen in Verbindung stand, ab und musste sich nicht selten in seiner funktionellen Überzeugung energisch behaupten. Gustav Klimt war ein ständiger Kritiker, was den schmucklosen Stil von Adolf Loos betraf. Nur allzu gut bekannt ist die Debatte zwischen Klimt und Loos um einen Spiegel mit reich verziertem Rahmen, an dem Adolf Loos das Geschnörkel als absolute Verschwendung sah, weil der Spiegel in seiner Eigenfunktion den Rahmen absolut nicht benötige. Doch Gustav Klimt rechtfertigte seine eigene Überzeugung mit dem Hinweis, dass speziell der Rahmen dem Gesamtbild des Spiegels eine multifunktionelle Bestimmung einräume, weil die aufwendige Umrandung ihm zusätzlich die Note eines Kunstwerkes verleihe. Während dieser Debatte nahmen die Emotionen der beiden Herren derart überhand, sodass sich am Ende Adolf Loos ein Stück Torte aus dem Gesicht wischen musste, das Gustav Klimt dem Jugendstilverächter – noch unwissend, dass es Adolf Loos höchstpersönlich war, dem er gegenüberstand – ins Gesicht gedrückt hatte.

Ursprünglich hatte der Österreichische Bühnenverein am 1. April 1912 den Antrag für den Bau des Gebäudes in der Dorotheergasse 6–8 beim Magistrat der k. k. Reichs- und Residenzstadt Wien eingereicht und nach der Baubewilligung den Auftrag an das Architekturbüro Mayer & Mayr, das den Ausschreibungswettbewerb gewonnen hatte, vergeben. Rudolf Schindler arbeitete zu dieser Zeit als Student bei Mayer & Mayr und wurde kurz vor seinem Weggang in die Vereinigten Staaten an der Planung des Gesamtprojekts, das einen Veranstaltungssaal im Souterrain und ein Kaffeelokal im Erdgeschoss mit einschloss, als Zeichner beteiligt.

Das Gebäude des Österreichischen Bühnenvereins zeigt sich im „spätsecessionistischen" Baustil. Die Fassade in schlichter, horizontaler Gliederung mit geschichteten Wandfeldern, französischen Fenstern, durchgehenden Rahmungen und geschwungenen Verdachungen prägen den Rahmen der Otto-Wagner-Schule, an der Theo Mayer und Hans Mayr studierten. Mayer & Mayr zählten in dieser Zeit zu den besten Architekten, die je aus der Wagner-Schule hervorgegangen sind, führten zusammen ab 1908 ein sehr erfolgreiches Atelier und realisierten in der Zeit zwischen 1908 bis 1918 eine beachtliche Anzahl größerer Bauprojekte in Wien. In ihren nach 1910

Ein Lehrbrief aus dem Jahr 1897, mit dem der Lehrling von seinem Meister „freigesprochen" wurde und sich von nun an „Kaffee Gehilfe" nennen durfte.

errichteten Bauten für die Innenstadt verleihen die rahmenden Elemente den Fassaden einen grafisch akzentuierten, atektonischen Klassizismus, der nach der Mode der Secession eine neue Geschmacksrichtung prägte.

Der Plan zum Gebäude des Österreichischen Bühnenvereins in der Dorotheergasse 6–8 von Hans Mayr und Theodor Mayer.

Krisen und Veränderungen

Während des Ersten Weltkrieges war es um das Wiener Kaffeehaus zwischen 1914 und 1918 ziemlich ruhig geworden. Viele Lokale mussten schließen, manche wurden anderen Verwendungszwecken zugeführt und an Neugründung war während dieser Phase nicht zu denken. Auch in der darauf folgenden Zeit der Inflation, des allgemeinen wirtschaftlichen Stillstandes und der aufkommenden Arbeitslosigkeit konnte man keineswegs von einem Aufleben dieses Gewerbes sprechen. Ganz im Gegenteil – um 1920 erlitten die Wiener Kaffeehausbetreiber einen weiteren wirtschaftlichen Einbruch. Viele Cafés, die großteils in den begehrten Ecklokalen der Stadt untergebracht waren, wurden von Bankhäusern übernommen oder in Autosalons umgewandelt.

Nur zehn Jahre später fand gewissermaßen wieder eine Rückverwandlung statt. Das „Café-Restaurant" begann in den Wiener Kaffeehäusern Fuß zu fassen. Die ersten Lokale dieser Art entstanden bereits in der Zeit der Kontinentalsperre durch Napoleon, sind aber erst ab 1925 in Wien nach und nach neu eröffnet worden. Seitdem bieten sehr viele Wiener Kaffeehäuser eine volle Auswahl an Gerichten der Wiener- sowie auch der internationalen Küche an und haben dadurch das klassische Ambiente des Wiener Kaffeehauses vollkommen verloren. Als Einheimischer kann man sich beim besten Willen nicht vorstellen, dass die unbeschreibliche Wiener Kaffeehausatmosphäre vom Küchendunst einer Gasthausküche überzogen wird.

In vergleichbarer Art und Weise traten auch die Konditoreien in den Jahren nach dem Zweiten Weltkrieg mit dem Kaffeehaus in Wettbewerb. Bereits beim Betreten einer „Café-Konditorei" wird der Gast mit üppigen, sich förmlich aufdrängenden Oberstorten in hell erleuchteten, prächtigen Glanz- und Glamour-Glasvitrinen völlig

überfordert. Genau genommen sind Konditoreien keine Kaffeehäuser. Es sind Salons der süßen Verführung und des Cremen und Schokoladen zugewandten Trosts. Es fehlen Zeitungen, Spiele und vor allem die Herren Ober. Aber die Damen waren hier von Anfang an herzlich willkommen. Der Wiener erfreute sich an den mit üppigen, leicht mit Alkohol angereicherten Cremes gefüllten und mit rosa Zuckerguss überzogenen Tortenvariationen. Louis (Ludwig) Demel war der erste „große" Zuckerbäcker der Stadt Wien und wurde mit seinen süßen Spezialitäten zu Hofe beordert, was ihn zum „k. & k. Hofzuckerbäcker" machte. Bereits 1785 setzte er seine Idee, einen „Salon für Gefrorenes" zu eröffnen, um. Allerdings war es damals den Zuckerbäckern in Wien noch verboten, Kaffee zu verkaufen, wobei in Deutschland von Anfang an Kaffee und cremig-süße Gaumenfreuden in Kombination angeboten wurden.
Café-Restaurant und Café-Konditorei – beide Lokaltypen versuchten mit dem guten alten Wiener Kaffeehaus zu konkurrieren. Aber auch die Kaffeesieder in den „echten" Wiener Kaffeehäusern backten und kreierten Süßes. Traditionelle Wiener Mehlspeisen eroberten die Herzen der Gäste und wurden als individuelle Spezialitäten in Form von hausgemachten Mohnkuchen, Strudeln und Gugelhupf von jedem Wiener Kaffeesieder angeboten. Tortenbuffets haben bis heute keinen Platz in einem kultur- und traditionsbewussten Wiener Kaffeehaus gefunden.
Während der Weltwirtschaftskrise fungierte das Wiener Kaffeehaus als Umschlagplatz für Waren aller Art, die unter und über den Tischen getauscht wurden. Zur gleichen Zeit sind die Tanzcafés mit Jazzmusik aus den Vereinigten Staaten eingeführt worden. Die Konzertcafés erhielten plötzlich neue Mitbewerber, konnten sich aber mit der Idee des „Fünf-Uhr-Kaffees" erneut durchsetzen. Viele Wiener Kaffeehäuser fanden sich in völlig neuen, modernisierten Ausformungen wieder. Das Kaffeehaus in alter Manier schien zu diesem Zeitpunkt nicht mehr zukunftsorientiert genug zu sein.
Um 1930 ließen das Dom Café und das Ringcafé durch den völlig neuen Sportlerstammkreis aufhorchen. Vorwiegend waren es die Fußballspieler, die plötzlich Gefallen daran fanden, im gemütlichen Kaffeehausambiente heiße Debatten auszutragen. Nachdem Deutschland 1933 zur nationalsozialistischen Diktatur geworden war, kamen die ersten deutschen Emigranten nach Wien. Ihr Leben fand hauptsächlich in den Kaffeehäusern statt. Der Dramatiker Bertolt Brecht sowie die Schriftsteller Walter Mehring und Oskar-Maria Graf zählten bald zu den „Bewohnern" des gemütlichen Wiener Kaffeehauses.

Der ständige Wechsel zwischen „Hoch" und „Tief" in der Wiener Kaffeehauskonjunktur führte in all den Jahren zu sehr vielen Schließungen traditioneller Wiener Kaffeehäuser. Die Stammgäste dieser Cafés waren gezwungen, sich immer wieder nach einem neuen Domizil umzusehen. Die Politik übersiedelte in das Café Ministerium am Georg-Coch-Platz und ins Café Landtmann direkt am Dr.-Karl-Lueger-Ring. Das Café Pucher am Kohlmarkt wurde ebenfalls zu einem Treffpunkt politisch interessierter Gäste. Kunststudenten fanden sich regelmäßig im „Café Prückel" am Stubenring ein.

Unterhaltungsmöglichkeiten im Wiener Kaffeehaus

Jede Gesellschaftsschicht begrüßte das neue gemütliche Wiener Kaffeehausleben. Die Weiterentwicklung der Kaffeehauskultur war voll im Gange. Der Kaffeehausgast strebte danach, möglichst viele seiner Interessen und Vorlieben im Kaffeehaus stattfinden zu lassen, und der Einfallsreichtum der Wiener Kaffeehausbetreiber war weiterhin unerschöpflich. Kreativ und mit vollem Einsatz wurde an den außergewöhnlichsten Ideen gearbeitet.

Eine weitere Form der Unterhaltung im Kaffeehaus boten Spielmöglichkeiten. Vor allem das königliche Schachspiel erreichte enorme Beliebtheit und passte ausgezeichnet in die ruhige, gemütliche Kaffeehausatmosphäre. An den Tischen der Spieler war (und ist es heute noch) derart still, dass jeder Kaffeehausgast schon allein deswegen hinsehen muss. Raum und Zeit geraten völlig in Vergessenheit. In ihrer vollkommenen Konzentration erscheint es, als würden die Gedankenströme der Spieler sichtbar. Ihre Kaffeeschale bleibt fast gänzlich unberührt und wird allenfalls noch als Aschenschale benutzt. Kaffee und der vermeintlich eigentliche Sinn des Kaffeehauses scheinen gar nicht zu existieren. Aber schlussendlich landet das mittlerweile kalte (mit Asche versehene) Getränk dann doch noch im Magen der beinah regungslos dasitzenden Spieler.

Zu den ältesten Wiener Kaffeehausspielen zählt auch das Billard. Ursprünglich ist es als exklusive Freizeit-Beschäftigung für Kaiser und Könige entstanden. Schon in den Anfängen der Wiener Kaffeehauskultur ist das Billardspiel zu einer lieb gewonnenen Tradition in den Kaffeehäusern geworden. Bereits Mozart spielte im Wiener Kaffeehaus Billard. Er war ein leidenschaftlicher – und leider auch schlechter – Spieler. „Wenn ein berühmter Billardspieler in Wien ankam, hat's ihn mehr interessiert als ein

Seit jeher konnte man sich im Kaffeehaus aus dem Getriebe der Welt ausklinken, etwa durch Billardspielen, wie hier in einer Szene um 1826.

berühmter Musiker", beschreibt der Goethe-Freund Sulpiz Boisserée Mozarts Spielsucht. Das Niveau eines jeden Spieles zeichnet sich gleichermaßen durch Stille aus. Ohne viel Aufsehen läuft so ein Abend ab. Die Spieler treffen sich regelmäßig, immer zur selben Zeit, im selben Kaffeehaus, am selben Tisch zu einer Stammpartie.

Einen ganz besonders beliebten Billardtisch beherbergten Leopold und Josefine Hawelka im Café Alt Wien, das sie 1936 für drei Jahre in Pacht genommen hatten. In diesen Jahren war es der eindeutig beliebteste Ort der Innenstadt, an dem sich die Billardspieler um den Tisch versammelten. Leopold und Josefine legten schon damals erheblich großen Wert auf Sauberkeit und Ordnung. Zu jeder Zeit blank polierte Queues, sorgfältig mit Kreide versehen, standen für die Spieler stets griffbereit zur Verfügung. Flecken, Brösel oder sonstige Unreinheiten – wie es das gesamte Ambiente des Alt Wien verlangte – fanden auf ihrem Billardtisch absolut keinen Platz. Das erfreute die Spielerherzen ganz besonders, denn die Liebe zum Detail scheint, selbst in dieser Zeit, noch keine Selbstverständlichkeit gewesen zu sein. Für Leopold und Josefine war es jedoch von Anfang an ein unumgängliches „Muss". Damit boten sie ihren Gästen die spezielle Möglichkeit, sich bei Spiel und Kaffee in einem besonders gepflegten Rahmen der Kommunikation zu bewegen. Leopold und Josefine

„Im echten Manne ist ein Kind versteckt: Das will spielen",wusste schon Friedrich Nietzsche. Ein Spielzimmer in einem Café um 1890.

Hawelka wollten die Billard-Tradition auch in ihrem Kaffeehaus in der Dorotheergasse fortsetzen, aber der Gästezustrom in den 50er-Jahren war dermaßen groß, sodass Leopold und Josefine beschlossen, den Billardtisch, den sie vor der Theke aufgestellt hatten, zu entfernen, um Platz für ihre Gäste zu schaffen.

Etwa im selben Zeitraum, in dem das Kramersche Kaffeehaus bereits zum attraktiven Literatencafé herangewachsen war, entwickelte sich das „Hugelmannsche Kaffeehaus" in der Leopoldstadt zu einem Zentrum für Billardspieler. Die günstige Lage trug enorm zum aufstrebenden Ruf des Kaffeehauses bei. Seit Kaiser Joseph II. den Prater für die Öffentlichkeit freigegeben hatte, musste alles, was sich in der Umgebung bewegte, an dem Kaffeehaus vorüber. Die Gäste hatten dort den besten Platz, um das bunte Treiben an sich vorüberziehen zu lassen.

Es war ein helles Kaffeehaus, in dem Malerei und Verzierungen, die Möbel, die Beleuchtung und die grüne Marmorierung der Säulen eine wirklich nette, sehr artige Atmosphäre schufen. Reihenweise versammelten sich die Kartenspieler um die Kaffeehaustische, die Billardspieler um die Billardtische und brachten im Gespräch vorwiegend politische Neuigkeiten in Umlauf. Das „Hugelmann" wurde zum Kaffeehaus der spielerischen Kommunikation. Unter den Spielergästen wurde das Café oftmals sogar als die „Universität des Billardspiels" bezeichnet. Sein Begründer Franz X. Hugelmann durfte es allerdings nicht mehr miterleben, dass sich sein Kaffeehaus zu einem der beliebtesten Billardcafés entwickelte.

Das Wiener Kaffeehaus wurde noch im 18. Jahrhundert vollends zum Mittelpunkt des gesellschaftlichen Lebens. Luxuriös eingerichtet in Verbindung mit vergnüglicher Information, leisen Konzentrationsspielen, wie Tarock, Preference, Rommé, Canasta, Bridge, und den sich bereits eingebürgerten Spielen, wie Schach und Billard, bot es stets Abwechslung in gemütlicher Atmosphäre, die für diesen Zeitvertreib nur förderlich ist. Im Gegensatz zu den Spielclubs und Spielcasinos ist hier der Gast mit Liebe bei der Sache, und obwohl ausgereiftes Können vorausgesetzt wird, steht im Kaffeehaus doch das Kaffeehaussitzen im Vordergrund. Auf diese Art und Weise wurde den Wienern das Kaffeehaus sehr bald zum „Liebkind", und die Zahl der Gäste stieg stetig an. Ferdinand Raimund und Nikolaus Lenau mischten sich in der Zeit des Biedermeiers ebenso gerne unter die geselligen Wiener Kaffeehausfreunde und trafen sich zu einer anspruchsvollen Schach- oder Billardpartie.

Ob Diskussionen oder Spiele – die Menschen in Wien hatten es sich zum Hobby gemacht, ihren Lieblingsbeschäftigungen in zwangloser Kaffeehausatmosphäre nachzugehen. Zu Recht machte es die Kaffeehausbetreiber stolz, denn ihnen war ein wahres Meisterstück gelungen. Die unzählbaren kleinen Mosaiksteinchen, die die Wiener Kaffeehauskultur ausmachen, begannen sich zu einem ruhmreichen Bild zu formen. Doch die Wiener Kaffeesieder dachten nicht daran, sich auf ihren Lorbeeren auszuruhen. Der Erfindergeist blieb weiterhin stets hellwach.

Um die Wende vom 18. zum 19. Jahrhundert ließ Martin Wiegand in seinem Café Bellevue als Erster mit den Klängen einer kleinen Salonkapelle aufhorchen. In seinem exklusiven Kaffeehaus fand dies großen Anklang und so konnte er sich mit dem ersten „Konzertcafé" in Wien einen Namen machen. Etwa Mitte des 19. Jahrhunderts feierte diese Attraktion ihren großen Durchbruch. Schon zu früher Morgenstunde waren diese Kaffeehäuser voll besetzt, um die Darbietungen der Musiker nicht zu versäumen. Stücke von Komponisten wie Josef Lanner, Johann Strauß und Carl Michael Ziehrer bescherten den Kaffeesiedern ständig neue Besucherrekorde. Noch heute werden in vielen klassischen Wiener Kaffeehäusern an bestimmten Tagen Musik-, Vortrags- oder Themenabende dargeboten.

DAS WIENER **KAFFEE-HAUS** VERSCHAFFT SICH WELTRUHM

14 l'été Repo

café Leopol Hawelka

Vienne

L'Europe des cafés

Le décor, fatigué, n'a pas changé depuis 1939. Leopold et Josefine Hawelka, puis leur fils Gunther, ont su lui garder l'esprit des cafés d'autrefois

MICHEL BRAUDEAU
ILLUSTRATION
CHRISTOPHE MERLIN

Dans sa conférence *Une certaine idée de l'Europe*, publiée chez Actes Sud en 2005, George Steiner met l'accent sur deux dimensions, géographique et historique, qui font d'après lui la singularité de ce continent. D'une part, il a été, il est encore parcouru à pied. « *La cartographie de l'Europe est née des capacités pédestres, des horizons accessibles à des jambes. Métaphoriquement, mais aussi maternellement, ce paysage a été moulé, humanisé par des pieds et des mains. Les beautés de l'Europe sont inséparables de la patine du temps humanisé.* »

Le Monde
Mercredi 19 juillet 2006

bica n'ex- s si diver- enne n'est e la grâce 'absinthe, e les cafés n Europe du verbe, Marc jus- xistentia-

Les amateurs, venus d'abord là pour la boisson, ne tardèrent pas à apprécier les nombreux avantages liés à la dégustation collective du café dans les premiers débits autorisés : l'occasion de sortir de chez soi, de lire des journaux, de rencontrer des amis ou des inconnus, de converser avec tous, de perdre son temps à plusieurs, de rêvasser, de noter parfois des idées. Et, en hiver ou en temps de guerre, de se réchauffer auprès d'un poêle pour étudier ou noircir du papier.

Dans le bruissement des mots qui les entourent, l'écrivain tend l'oreille, vole une phrase, le philosophe écoute, observe. Les uns écrivent, les autres y songent en attendant l'inspiration. D'un point de vue formel, il n'existe pas une « littérature de café », mais les cafés sont des lieux où, par vocation, la littérature est dans l'air, tel un fantôme familier. L'excitation produite par le café sur les consommateurs réunis dans le même établissement, en libérant le désir de parler, d'échanger des propos, est sans conteste à l'origine d'une atmosphère dont la vivacité se retrouve dans bien des écrits, de Diderot à Karl Kraus.

> « Dessinez la carte des cafés, vous obtiendrez l'un des jalons essentiels de la notion d'Europe. Le café est un lieu de débat intellectuel et de commérage »
>
> George Steiner

Montesquieu l'avait pressenti dès 1721, en condamnant dans les *Lettres persanes* les cafés comme *« des endroits dangereux pour l'avenir du pays »*. Il n'avait pas tort : « l'esprit du café », en effet, allait bientôt en découdre avec celui des lois. Ce qu'il reste aujourd'hui de ce danger est une autre affaire. Chacun en jugera en voyageant. Toujours est-il que cet esprit du café, frondeur, volubile, insaisissable, fut un ciment fondateur de l'Europe esquissée par George Steiner.

Entrée par Venise, la mode du café et des cafés se répand très vite sur tout le continent. En 1669, l'ambassadeur de Turquie en offre à Louis XIV, qui préfère quant à lui le chocolat, mais laisse volontiers un Italien, Francesco Procopio Cultelli (lequel imagine la percolation de l'eau chaude dans le café retenu par un filtre), ouvrir, en 1689, à Paris, l'établissement somptueux qui porte toujours son nom, le Procope.

C'est d'une façon plus guerrière qu'à la même époque le café s'introduit à Vienne. Assiégée en 1529 par Soliman le Magnifique, la cité l'est une seconde fois, en 1683, par les Turcs de Mustapha le Terrible. La ville est sur le point de capituler. Les armées chrétiennes de l'archiduc Charles de Lorraine et du roi Jean Sobielski sont proches, mais ne peuvent agir, faute de renseignements précis sur les positions ennemies. Un noble polonais de 20 ans, Franz Georg Kolschitzky, ayant vécu à Istanbul et parlant le turc, se déguise, réussit à franchir les lignes ottomanes, éclaire la lanterne de l'archiduc et du roi, qui passent à l'attaque le 13 septembre.

Les Turcs en déroute abandonnent sur place canons, munitions et cinq cents sacs de café. Vienne est sauvée, le péril ottoman durablement écarté. Kolschitzky reçoit la nationalité autrichienne, les cinq cents sacs et le droit d'établir un débit de café, le Zur Blauen Flasche (« La Bouteille bleue »).

Hélas ! le jeune héros prépare son café comme à Istanbul, par décoction, ce qui ne séduit guère les Viennois. Il décide alors de filtrer son café, d'y ajouter de la crème et du miel. Le triomphe est instantané, on se presse à La Bouteille bleue, où le Polonais met tous les journaux de la ville à la disposition de ses clients.

Puis, Kolschitzky invente un gâteau, une « viennoiserie », rappelant la défaite des Ottomans, lui donne la forme d'un croissant, symbole du drapeau des vaincus, et permet enfin à ses concitoyens de dévorer du Turc en toute quiétude ; ce croissant dodu que nous mangeons encore, sans rancune envers Mustapha.

Le succès de La Bouteille bleue déclenche d'innombrables imitations dans tout l'Empire, et Vienne qui s'embellit de palais et d'églises baroques devient la capitale des cafés pour deux siècles. Comme à Venise, la plupart sont espionnés, on craint la diffusion des idées de la Révolution française ; avec les guerres contre Bonaparte et le blocus continental que celui-ci impose à l'Angleterre en 1806, le café devient une denrée rare et chère.

Mais après la chute de Napoléon, les cafés refleurissent au son de la valse. On y croise des bourgeois et des artistes, des étudiants et des philosophes, des journalistes et quantité de musiciens, Schubert notamment. Car Vienne, repue de café, gorgée de pâtisseries, est aussi hantée par le démon de la danse et de la musique.

Actuellement, en 2006, pour le 250e anniversaire de l'apparition sur terre de Mozart, la ville est envahie par le portrait officiel du maître, cloné sur des tee-shirts, des bibelots, des chocolats, des bonbonnières, de manière si obsédante que certains ont imprimé des affiches où le divin Wolfgang lève les yeux au ciel, exaspéré.

Sous le trop long règne (1848-1916) du dernier des Habsbourg, François-Joseph Ier, dont l'autoritarisme se heurte à l'opposition libérale, c'est naturellement dans les cafés que la modernité voit le jour. Les plus célèbres sont le Café central sur la Herrengasse et le Griensteidl sur la Michaelerplatz. Vers la fin du XIXe siècle, Vienne est un creuset effervescent d'où vont naître quasi simultanément la psychanalyse freudienne, la philosophie de Ludwig Wittgenstein, le sionisme de Theodor Herzl, la peinture de Gustav Klimt, d'Egon Schiele, d'Oscar Kokoschka, l'architecture de Joseph Maria Olbrich et d'Adolf Loos.

Tandis que les écrivains Hugo von Hofmannsthal, Arthur Schnitzler, Stefan Zweig, Gustav Meyrink, Heimito von Doderer, Robert Musil, Rainer Maria Rilke, Elias Canetti construisent leurs œuvres, Klimt et ses amis fondent le mouvement de la Sécession contre l'art traditionnel. Alban Berg et Anton Webern s'apprêtent à bouleverser la musique avec leur mentor Arnold Schoenberg, qui dialogue avec son aîné Gustav Mahler... Stefan Zweig évoquera ces décennies bouillonnantes des cafés viennois dans son livre testamentaire, *Le Monde d'hier*, avant de se suicider au Brésil en 1942.

Quelques-uns ont leurs cafés attitrés. Freud, Rilke et Mahler vont au café de l'Hôtel impérial ; Berg, Kokoschka et Schiele, au Museum. Mais presque tous fréquentent le Griensteidl, foyer d'énergie créatrice incomparable de 1890 à 1897, année fatale de sa démolition, et le Central, situé selon l'écrivain Alfred Polgar *« sous le méridien de la solitude »*.

Déjà le jeune critique et polémiste Karl Kraus, qui lancera en 1899 sa revue *Le Flambeau*, y pourfend avec un style impitoyable la bêtise qui gangrène le langage, la presse, et prophétise l'imminence de l'Apocalypse. Elle arrive : après la première guerre mondiale, Vienne n'est plus que la capitale meurtrie d'un petit État fédéral, une tête disproportionnée sur un corps amputé. La seconde guerre ne fait que confirmer les prédictions de Karl Kraus, qui meurt en 1936, en plein essor du nazisme.

Il y a bien sûr aujourd'hui en Autriche des artistes et des auteurs très estimables, et Vienne compte près de 650 cafés, mais on chercherait en vain dans la ville opulente de 2006 le moindre soupir de la prodigieuse époque. Le Griensteidl a rouvert ses portes en 1990, à son ancienne adresse, dans un nouvel édifice qui n'a plus de mémoire.

Le Demel, qui fournissait la cour impériale, est moins un café qu'une pâtisserie de luxe, débordante de chocolat, de sucreries raffinées et de gâteaux dont la seule description ferait périr un diabétique. Le Central accueille avec sérieux des banquiers, des gens raisonnables plus amis du confort bourgeois que de la bohème. Le hall à colonnes a été restauré en 1986 non.

Un établissement échappé à la plastific Hawelka, sur la Dor pas un rescapé des te il témoigne de façon du charme des cafés

Leopold Hawelka ne l'ont loué en 1939 quelques idées simpl d'abord. Léopold est matin, Josefine l'apr Les époux ne se voien déjeuner, et le mardi,

Ensuite, traiter le pour les inciter à reve ouvert jusqu'à 2 heu Hawelka rassemblent tistes, de comédiens, prennent l'habitude d eux après le spectacl sionomiste et dynam prénom sur un visag d'absence, et parvien quinze personnes sur

Quand les peintres pold accepte un de pour effacer l'ardoise relleurs, interdit les j autorise le tabac sans tion de ce café d'arti attire vite les étudian

Enfin, derr saint : rien, tan parquet drer, on mètre ca fond s'écaille, on le re à l'identique, comme rations se font centin tre, non par avarice, le temps.

Le décor marron f est le même qu'en 1 porte un nom, tab vis-à-vis, de la radio. ment en s'asseyant au-dessus de leur ban à l'intuition de Josefi pathies, qui rappr inconnus en devinan

On ne pousse pas et les prix sont modé café, 3,60 pour une bi *mine d'or, oui. Pourq sentait bien qu'ici... »* d trônant tous les soir radio, qu'il a éteint e morte l'an dernier et 66 ans, a pris la relève ter un jour une nouve jure que ni lui ni ses ront au décor. *« Si o tu. »*

Le monde c au-dehors du Ha « authentique » qu'il lisé. En réalité, le di noncé, les écrivains café, et les touristes d nent voir l'endroit où

Non loin, sur la Café Bräunerhof, fo calme, moins pittor que le Hawelka, mieux au sentiment d lectuels. Le propriéta la convivialité est ba sans se reconnaître, La distance entre le clients et le personn velléité de fraternis cela sans doute que l'avait choisi, qui dis che, Vienne, les cafés. nerhof. ■

Histoire du café : de Venise au reste du monde

MOINS RÉTICENTS que les Vénitiens, les Anglais ouvrent très tôt, à Londres et à Oxford, des cafés où les hommes discutent, délaissant leur famille. Les femmes rédigent une pétition, la *« Women's petition against coffee »*, dont le roi Charles II prend prétexte, en 1676, pour ordonner la fermeture de ces foyers d'agitation libérale. Les protestations des époux sont si fortes que l'édit est révoqué. On recense plus de 2 000 cafés dans le Royaume-Uni en 1700.

Les armateurs et les marins fréquentent le café d'Edward Lloyd, sur Tower Street, où ils retirent leur courrier, recueillent toutes sortes d'informations maritimes, se vendent entre eux cargaisons et navires, se partagent même les butins de guerre.

Si le Café Lloyd n'existe plus, les Lloyds sont encore la plus grande compagnie d'assurances du monde. Berlin ouvre un café en 1670, avant le Procope de Paris.

Mais la demande de café ne cesse de croître en Europe et les producteurs musulmans en restreignent l'exportation. Or le caféier a besoin de chaleur et d'espace car il épuise les sols. Les Européens se tournent donc vers leurs colonies. Les plantations anglaises à Ceylan, frappées par une maladie, font place au thé, et les Anglais ne cultiveront le café en Inde qu'en 1840.

Les Hollandais, excellents navigateurs et agronomes, sont les premiers à faire voyager les arbustes élevés dans leurs serres d'Amsterdam, d'abord à Java en 1699, et plus tard en Amérique du Sud, dans leur colonie du Surinam.

En 1714, le capitaine Gabriel Mathieu de Clieux dérobe une bouture d'un plant offert par la Hollande à Louis XIV et l'emporte aux Antilles. En trois ans, la Martinique et Saint-Domingue comptent des millions de caféiers.

Puis un lieutenant portugais, de passage à Cayenne en 1727, en vole à son tour quelques cerises et les apporte au Brésil. En Europe, la passion pour le café ne se démentira jamais, de Napoléon – qui eut toute sa vie sept cafetières en permanence sur le feu – jusqu'à nos jours.

L'industrie du café antillais et sud-américain, longtemps favorisée par la traite négrière, a survécu à la fin de l'esclavage. Le dernier pays à l'avoir aboli, le Brésil, en 1888, produit maintenant 97 % de la récolte mondiale.

Au XXe siècle, l'ancien breuvage d'Abyssinie a traversé bien des crises, essentiellement spécu d'hui, il est la boisson notre planète, après l' deuxième rang des éc naux, derrière le pétro

Mais cet instrumen philosophique et du c soucie pas des inégali Son trafic profite mill boursiers et aux inter humbles paysans qui

Ce n'est pas cette a que l'on recherche da réseaux de « commer sont constitués et offr ternative de rétribuer petits exploitants, à u

L'avenir dira si les ront pas, avec deux g dans leur tasse, un pe que qui faisait tant pa

Vorhergehende Seite: Am 19. Juli 2006 berichtete sogar die französische Tageszeitung *Le Monde* ausführlich über das „Café Leopold Hawelka".

Oben: Im Zuge einer Delegation der Wirtschaftskammer Österreichs wurde in Osaka/Japan das Café Hawelka präsentiert.

Rechte Seite: Nicht nur französische Zeitungsleser erfuhren vom Hawelka, sondern die ganze Welt.

Noch in der ersten Hälfte des 19. Jahrhunderts feierte das Wiener Kaffeehaus seine erste Hochkonjunktur. Mit der Ringstraßenzeit – im März 1858 begannen die Abbrucharbeiten an Befestigungsanlagen – setzte auch die große Kaffeehausära in Wien ein. Kaiser Franz Joseph ließ anstatt der Stadtmauern diese Prachtstraße anlegen, damit begann auch für die Wiener Kaffeesieder eine echte Gründerzeit. Inner- und außerhalb des Stadtzentrums wuchs ein Lokal um das andere aus dem Boden; die Kaffeehäuser waren Treffpunkte für die elegante Welt der Politiker, Geschäftsleute, Künstler und Spekulanten, stellten aber ebenso beliebte Tummelplätze für Verliebte dar. Das gesamte Leben der Wiener schien sich im Kaffeehaus abzuspielen.

Bald verströmte die Ringstraße weltweit den Ruf von pompöser Eleganz. Es entstanden etwa dreißig neue Kaffeehäuser, die sich durch luxuriöses Interieur und gemütliche Schanigärten auszeichneten. In ihrer prächtigen Aufmachung waren sie mehr für den Aufenthalt eher nobler Besucher aus dem In- und Ausland bestimmt. Wien hatte mit seinen 600 Kaffeehäusern einen wahren Höhepunkt erreicht. Schon in den folgenden zehn Jahre verdoppelte sich jedoch die Zahl und man zählte 1.202 Kaffeehausbetriebe, von denen etwa zwei Dutzend aufgrund ihrer prominenten Gäste schon damals großes Ansehen erlangten. Dicht an dicht, so wird es zumindest beschrieben, saßen brillante Geister um die Marmortische, vor sich einen kleinen Braunen, über den Köpfen dicke Schwaden von Zigarrenrauch, dazu stets griffbereit ein Notizheft, die Zeitung und dazwischen das Staccato ihres geistreichen Wortwitzes. Die Literatencafés in Wien brachten es zu Weltruhm. Die typische Wiener Kaffeehauseinrichtung reichte vom gemütlichen Plüsch bis zum kühl-stilvollen Ambiente. Die klassischen Thonet-Sessel und Kaffeehaustische mit Marmorplatten, in Kombination mit Plüschbänken, eingebettet im Kaffeehaus-Jugendstil, spiegelten die Behaglichkeit, die das Publikum zum endlosen Kaffeehaussitzen animierte, wider. Mit Marmor, Plüsch und Kleinem Braunen hatten die Wiener Kaffeesieder für ihre Gäste ein zweites „Wohnzimmer" geschaffen, in dem sie sich stundenlang wohl fühlen konnten. Wien war schon damals auf dem Weg, eine wahre Kaffeehausstadt zu werden. Leider säumen heute nur noch wenige dieser luxuriösen Cafés, die seinerzeit mit unvorstellbarem Aufwand errichtet worden sind, den Prachtboulevard.

Einen weiteren Höhepunkt erreichte das Wiener Kaffeehaus im Jahre 1873 anlässlich der Weltausstellung in der österreichischen Residenz. Trotz des Börsenkrachs trug diese Veranstaltung zum wohlverdienten Weltruf des Wiener Kaffeehauses bei. Zusammen mit seinen Kaffeehäusern wirkte Wien vielfach vorbildlich und überflügelte junk shops in the same street.

Café Hawelka, Dorotheergasse 16. Marvellous, comfortable old café of a type that is almost extinct. Drawings and paintings by Cocteau, Chirico, Fuchs, Bérard, Rops, Dali, etc. Quiet as the grave in the morning; ideal when wet or you have a hangover for reading all the newspapers; more animated at night.

Sammlung Anatomischer Wachspräparate, Josephinum, ...

Strasse 25. In the forme...

Café Tomaselli, Salzburg

Wieniläis-kahvila on yhä toinen koti

— ANJA ELENIUS —

Jossakin aika seisoo paikoilleen pysähtyneenä. Ja jotakin tuttua on tunnelmassa. Niin on jo Reinin vartta matkatessa, kun TEE-juna Sininen Enzian kiitää kahdensadan kilometrin tuntivauhtia kohti Müncheniä, josta saa jatkokytkennän Salzburgiin ja Wieniin.

Münchenissä viettää **Hofgarten-Café Annast** kaksisataavuotisen olemassaolonsa merkkipäivää, kaksisataa vuotta samalla paikalla. Salzburgissa on tavanmukaiset juhlanäytännöt. Siellä ahtaudutaan Mozartin isän aikalaisen, kahvinkiehuttaja Staigerin perustamaan **Café Tomaselliin**. Wien on luku sinänsä, Dorotheergassen onkalossa piilee **Café Hawelka**, Wienin kuuluisien kirjallisten kahviloiden jäänne, erikoisuus häviävien kahvilaerikoisuuksien joukossa.

Väritys Sinisen Enzian ikkunassa muuttuu tumman turkoosiksi, kuu ilmestyy kieppumaan taivaalle. Juna ajaa pitkän matkaa humisten ja huojuen pitkin Reinin kiiltävää silkkinauhakettä. Bingenin kohdalla tunnelma muuttuu yhä epätodellisemmaksi ja ajattomammaksi. Vaunu porhaltaa yksinään kuin ilmassa, alhaalla jokimaaston kalliojyrkänteellä Lorelei kampaa edelleen kultaisia pitkiä hiuksiaan kultaisella kammalla muratinvihreäksi painuvassa iltayössä.

tään ovelle tervehtimään harvinaisempaakin kahvilavierasta, ...

Ensin Jumala loi kahvin

Jos missä aika näyttää pysähtyneen paikoilleen, niin juuri Wienin Café Hawelkassa tai Salzburgin Café Tomasellissa. Ja aina voi joukkoon laskea Itävallan ulkopuolelta Hofgarten-Café Annastin, joka on aina pyrkinyt noudattamaan maailmankuulua Wieniläistä kahvilaesikuvaa.

Wienin Hawelka piilee niin hyvin kätkeytyneenä Dorotheergasselle, että sitä on vaikea löytää päiväsaikaankaan. Kahvilan havaitsee parhaiten pimeällä, kun valo välähtää sen heiluriovesta hämärän kapealle katukäytävälle. Ja kuitenkin Hawelka sijaitsee Grabenin liike-elämän kuumeisimmassä solmukohdassa, muutaman tusinan askeleen päässä Stefanin tuomiokirkosta ja lähellä Kärntner Strassen loisteliaita myymälöitä.

Dorotheergassen suupuolen saattaa sivuuttaa moneen kertaan aivan huomaamatta. Se ei herra **Leopold Hawelkaa**, paikan omistajaa huoleta. Kahvila on aina kattoa myöten täynnä kanta-asiakkaita, Wienin kulttuurielämän edustajia. Lisää kävijöitä

... Karleja, niin kuin nykyinenkin kauppatieteitten maisteri ja kahvilanomistaja Karl Tomaselli. Hän on vaatimaton, miellyttävä, punaverinen, pienehkö mies, kovan kiireen ja kovan työn ajama. Kiire on, kahvila on täynnä, ne ovat nuo juhlanäytännöt.

Salzburgissa oli jo 1600-luvun

Vienna Is Talking About

The Oddball Cafe

Vienna

BUSINESS in the old-line Vienna coffee houses isn't exactly booming these days. People now don't seem to have time to spend hours over a cup of coffee, exchanging gossip and reading the daily newspapers and magazines.

The change of habits since the days when royalty ruled this nation and horses were more in prominence than cars has put the squeeze on the old coffee houses. Many of them have gone out of business in recent years.

* * *

AN exception is the Cafe Hawelka, truly one of the most "oddball" coffee houses in a city that has been famous for them since 1683, when the Turks were driven out of town for the last time. The invaders on that occasion left behind several sacks of coffee beans, which later helped to establish the first coffee house in the West.

Customers are fighting to get into the Cafe Hawelka. Getting a seat there on a weekend night is about as difficult as buying a ticket to a sold-out opera performance here.

Leopold Hawelka, a personable man of Czech origin, has operated his establishment for the past 28 years on a side street off the busy Graben shopping thoroughfare. The cafe has a rather dull front—the window curtains are drawn—but inside it is fascinating.

* * *

THERE are posters advertising art exhibitions, theater plays, operas, lectures and jazz concerts. Small paintings including an original by Dali, grace other walls. There is also a sign reading: "Dogs without exception will be kept on the floor."

But nobody else is denied a seat—actors, pretty models, retired pensioners, bearded beatniks, avant-garde intellectuals, authors, composers, painters and just plain folks.

The smoke is thick and the discussions and argume... are pretty warm an... despite this din there... some first class play... operas written in the ...

As for the discussi... tron explained: "... don't come here like... other coffee houses t... take it easy over a c... Rather they come... fresh minds to exh... selves in debate."

* *

THOUGH the Cafe ... little mentioned i... books, new guests k... their way there. Th... are usually brought t... customers. Arthur ... author, was steered t... wife, a former freel... grapher in Vienna.

When a new guest ... interest in the p... Hawelka loses no tim... out his clippings and... his establishment. In ... the scrap book refle... sual atmosphere of th...

In it is a letter ple... reinstated from ... barred for some... There is also a pictu... an excited guest in th... argument biting the... waiter. It could happ... Cafe Hawelka.

Veel meer is de Espresso niet. Het fenomeen veracht de mens die zich rust wil gunnen, bezinnen. Het heeft geen plaats voor een mens met een boek of een krant, of voor een mens met een gesprek. Het blijft zó helemaal de smakeloze razende massa-wereld, dat men het zelfs een gevaar voor de cultuur zou kunnen noemen. Het is eenvoudig tè buiten om een dak te mogen heten.

En voor dit pseudo-café is Wenen gevallen. Voorgoed? En heel Wenen?

Gelukkig zijn er meer onverzettelijke grijze huizen als Sacher. En gelukkig zijn er cafés die om der wille van de smeer de naam Espresso weliswaar hebben aangenomen, maar het begrip van binnen logenstraffen. Twee merkwaardige mogen hier genoemd worden: Café Hawelka en de ¾ Espresso. Hawelka bevindt zich in de Dorotheengasse bij de Graben en herbergt het verrukkelijkste rommelzoodje dat men in een café vinden kan. Als journalistencafé bevat het de meeste kranten van alle Weense cafés. Vlakbij de deur weet men waar men aan toe is: op een tafeltje en de stoelen daaromheen liggen vrijwel alle dagbladen van de Westerse wereld, een berg waarin het heerlijk grasduinen is. Er staan een stel versleten pluchen banken, tafeltjes en stoeltjes uit 1900, en er heerst een stemming die rumoerig zou kunnen heten, wanneer men niet overal tussen debatterende groepjes luie lezers met hun voeten op stoelen en tafels verdiept zag in kranten, kranten en nog eens kranten. Bij de deur hangt een bordje met het opschrift: „Die Hunde sind ausnahmslos auf dem Boden zu halten"; vreest de directie dat ook de honden harer cliënten zich op de kranten zouden werpen als ze de kans kregen?

De ¾ Espresso ligt in de Neubaugasse. Het is een moderne open ruimte met crême wanden, waar de baas, een heer in een Engels tweedjasje, uw jas aanneemt, u naar een fauteuil leidt en zegt: „Wat wilt u lezen?" Hij behandelt u alsof hij van tevoren aanneemt dat u voor een hele dag komt zitten. Zijn tijdschriften zijn er ook naar; behalve enkele dagbladen: Vogue, Domus, Magnum, Die Furche, culturele maandschriften. Vanwaar deze atmosfeer, die naam? Het café (de eigenaar heet Schmid, maar „Café Schmid" is onmogelijk, in dieser Hinsicht zahlreiche Städte. In ganz Europa entstanden unzählige Kaffeehausbetriebe, ausgestattet in Biedermeier mit Walzerklängen – ganz im Stil des ruhmreichen Wiener Kaffeehauses.

Die geistige Elite

Im 19. und 20. Jahrhundert trafen in den Wiener Kaffeehäusern immer häufiger geistvolle Männer zusammen und bildeten individuelle Stammgastkreise, die sich zu weiteren größeren Gruppen vereinten. Ihr Bestreben lag darin, Neues zu schaffen und damit die Gegebenheiten der Zeit zu verändern.
Der Apotheker Heinrich Griensteidl eröffnete 1847 sein gleichnamiges Kaffeehaus am Michaelerplatz. In der Zeit des Bürgerministeriums (1868–1870) war es das Hauptquartier der Arbeiterführer. Mit populären Persönlichkeiten aus dem Literatur- und Kunstbereich erlangte das Café Griensteidl durch die literarische Revolution der Jugend in den neunziger Jahren des 19. Jahrhunderts mit dem Spitznamen „Café Größenwahn" seine Bedeutung für die Wiener Literaturszene dieser Zeit.
Geradezu über Nacht fand sich hier die Gruppe „Jung Wien" zusammen. Der Wortführer war Hermann Bahr, der zusammen mit Arthur Schnitzler, Felix Dörmann, Peter Altenberg, Richard Beer-Hofmann, Felix Salten, Raoul Auernheimer, Hugo von Hofmannsthal und Karl Kraus den Naturalismus ablehnte, moderne Kunstströmungen wie Symbolismus, Impressionismus, Dekadenzdichtung aufnahm und damit der österreichischen Literatur eine neue Richtung gab. Wichtig war es, den Zusammenhalt zu fördern und die Informationen so regelmäßig wie möglich fließen zu lassen. Da trat das „Kaffeehaus" in Aktion. Niemals zuvor und nirgendwo sonst – nicht in Deutschland, Frankreich oder Italien – haben sich Literatur- und Kulturleben inniger mit dem Kaffeehaus verbrüdert als in Wien. Aber man sollte die Rolle des Kaffeehauses nicht nur als anekdotische Zugabe werten – der Kaffeehauscharakter hat ebenso mit dem Niveau der Gruppe zu tun, die sich dort regelmäßig zu treffen pflegte.
Es war die Zeit der „Wiener Moderne", die Hugo von Hofmannsthal und Gustav Klimt genauso umfasst wie Peter Altenberg und Adolf Loos, Hermann Bahr, Karl Kraus oder Arthur Schnitzler. Unter dem Motto „Die Literatur lebt nicht aus sich selbst" waren ihren Vertretern die mannigfachen Verbindungen zur bildenden Kunst und Musik

des eigenen Landes genauso selbstverständlich wie der Zugang zu den Literaturen und bildenden Künsten fremder Länder. Was im kulturellen und wissenschaftlichen Wien geschah, drang weit über die Grenzen Österreichs hinaus.
Eduard Michael Kafka gründete 1890 zusammen mit Julius Kafka die Zeitschrift *Moderne Dichtung*, deren Herausgeber Hermann Bahr wurde. Zum ersten Mal tritt unüberhörbar hervor, was die Alten und die Jungen trennt: nicht bloß eine neue Ästhetik, sondern vor allem eine neue Anschauung vom Fortschritt der Welt, der Wahrheit, der Sittlichkeit und der Gesellschaft. Die Jungen treten als geschlossene Heerschar auf, lassen das Trennende beiseite und zeigen im ernsten Wetteifer, was ein jeder will und kann. Von ihnen geht eine kraftvolle Gemeinschaft aus, die unwiderstehlich nach vorne drängt. Diese sehr konkret geführten Zeitschriften fanden

Im Café Griensteidl trafen sich die Schriftsteller des „Jung Wien". Aquarell von Reinhold Völkel, Wien Museum.

Auch im Café Central ließ man sich als Künstler gern blicken. Eine Puppe, die Peter Altenberg darstellt, sitzt deshalb noch heute beim Eingang des Cafés.

großen Anklang und es folgte sehr bald eine weitere: Die *Freie Bühne* ermöglichte den „Jung Wienern" ihre ersten dichterischen und literaturkritischen Arbeiten zu veröffentlichen.

Aus der Überlegung heraus, dass es nicht nur um Ästhetik gehe, wie sie in der *Modernen Dichtung* präsentiert wurde, sondern vielmehr um eine allgemeine Erneuerung, veranlassten Kafka und Bahr bereits 1891, aus der *Modernen Dichtung* die *Moderne Rundschau* werden zu lassen. Die *Moderne Rundschau* trat mit der Absicht auf, ein Spiegel des gesamten modernen Lebens zu sein. Sie hatte sich damit dieselben Ziele gesetzt wie die inzwischen groß gewordene naturalistische Zeitschrift *Freie Bühne*, der die *Moderne Rundschau* das Feld nach nicht einmal einem Jahr ihres Bestehens, in der Meinung, das Blatt habe seine Aufgabe erfüllt, überlassen hatte. Von

Heft zu Heft nahmen neben den deutschen die Wiener Autoren, die allesamt der Gruppe „Jung Wien“ angehörten, einen stetig wachsenden Raum ein.
Mit Gedichten, Essays und grundsätzlichen Aufsätzen überzeugten sie die Gesellschaft der damaligen Zeit. Mit dieser Literatengruppe fand die österreichische Literatur, durch eine Verfeinerung aller literarischen Kunstmittel, zum ersten Mal in Europa großen Anklang, was später von Autoren wie Stefan Zweig, Robert Musil, Ödön von Horváth oder Joseph Roth weitergeführt wurde. Wichtiges Sprachrohr der Gruppe war auch Hermann Bahrs Wochenschrift *Die Zeit*.
In diesen Jahren hatte Karl Kraus an der antinaturalistischen literarischen Moderne und ihrem Hang zur „Dekadence“ vieles auszusetzen, besonders an Hermann Bahr. In der zum größten Teil von Karl Kraus verfassten Zeitschrift *Die Fackel* (*1899–1936*) machte er alles, was ihm missfiel, zum aktuellen Stoff für seine Leser. Dieses Missfallen verschaffte Hermann Bahr jahrzehntelange Präsenz in der *Fackel*.
Zusammen mit den aktiven „Jung Wienern“ ist es dem Café Griensteidl nach vier Jahrzehnten seines Bestehens gelungen, das „Silberne Kaffeehaus“ als das bekannteste Literatencafé Wiens abzulösen. 1897 fiel es – wie zahlreiche andere Gebäude am Graben und am Neuen Markt – der Spitzhacke zum Opfer. Halb nostalgisch, halb ironisch klagte Karl Kraus in seinem satirischen Essay *Die demolirte Litteratur* (1899): „Unsere Literatur sieht einer Periode der Obdachlosigkeit entgegen, der Faden der dichterischen Produktion wird grausam abgeschnitten.“ Karl Kraus rastete aus, als er von dem Abriss seines Stammcafés erfuhr und soll in seiner energischen Reaktion dem Ober sogar eine Ohrfeige verpasst haben. „Aber zum Glück existieren andere Cafés weiter.“
Die Diskussionen aus dem Café Griensteidl wurden im bereits 1876 eröffneten Café Central nahtlos fortgeführt – mit zugewanderten Stammgästen wie Karl Kraus, Arthur Schnitzler, Hugo von Hofmannsthal, Peter Altenberg, Egon Friedell, Alfred Polgar und Anton Kuh. Zusammen mit weiteren Künstlern wie Oskar Kokoschka, Adolf Loos, Gustav Klimt, Egon Schiele und dem damals noch unbekannten Operettenkomponisten Franz Lehár hielten sie nach 1896 als Stammgäste das Ansehen des Cafés bis zum Ende des Ersten Weltkrieges hoch.
„Im Kaffeehaus sitzen die Talente so dicht an einem Tisch, dass sie einander gegenseitig an der Entfaltung hindern“, spöttelte Karl Kraus, der es schließlich wissen musste, denn er saß ja auch täglich dort – gemeinsam mit Peter Altenberg, der „Wien 1, Café Central“ sogar als seine Postadresse angegeben hatte. Damals wurde das

Ob sich der Kaiser auch hin und wieder einen Kaffee gönnte? Warum nicht, denn immerhin ist die „Kaiser-Melange“ nach ihm benannt.

Kühle Eleganz, warme Atmosphäre – eine moderne Form des Kaffeehauses ist das Café-Restaurant, hier das Herrenhof, das 1960 schließen musste.

Kaffeehaus endgültig zur Institution und für manche sogar zur Weltanschauung. „Teilhaftig der eigentlichen Reize dieses wunderlichen Kaffeehauses wird allein der, der dort nichts will als dort sein. Zwecklosigkeit heiligt den Aufenthalt." (Alfred Polgar). Das Kaffeehaus etablierte sich nach mehr als zwanzig Jahren zu einem Wiener Literatencafé. Die Ära der Intellektuellen setzte auch hier um 1890 ein.

Die jungen Theater- und Musikrezensenten waren zu jener Zeit im Trakt des Gebäudes der Produktenbörse untergebracht. Neben Journalisten fanden auch namhafte Politiker wie Karl Renner, Otto Bauer und Max Adler aus Wien und der leidenschaftliche Schachspieler und russische Revolutionär Leo Trotzki (eigentlich Lew Dawidowitsch Bronstein) hier ein Dach über dem Kopf. 1943 musste das Café Central seine Pforten schließen. Die sozialistischen Politiker und Redakteure der *Arbeiter-Zeitung* waren aber bereits 1938 ins Café Rebhuhn abgewandert.

Das im Jahre 1918 eröffnete Café Herrenhof löste das Café Central nach dessen Schließung im literarisch-intellektuellen Bereich ab. Viele Central- und Herrenhofgäste stammten aus Böhmen, vorwiegend aus Prag, wo sie bereits vor 1918 im Café

Das Espresso war für den kurzen Aufenthalt und den schnellen Kaffee für zwischendurch gedacht. Das „Café Ritter" auf der Wiener Mariahilfer Straße hat diese Eigenschaften aber wieder abgelegt.

Arco, in dem auch Franz Kafka zu Gast war, regelmäßig verkehrten. Mit Hermann Broch, Robert Musil, Franz Werfel und Josef Roth konnte es als eines der letzten Literatencafés glänzen. In der Zwischenkriegszeit zählte es zu den berühmtesten Kaffeehäusern Wiens. Als Hilde Spiel 1946 aus dem britischen Exil nach Wien zurückkehrte, fand sie ein verlassenes Café Herrenhof vor. Niemand der alten Freunde war da. Als die Beamten der umliegenden Ministerien nach dem Zweiten Weltkrieg zum Mittagstisch in die Kantine gebeten wurden, bedeutete dies für das Café Herrenhof 1960 das „Aus". Es schloss endgültig seine Pforten.

Die bildenden Künstler hatten zumeist andere Treffpunkte. 1880 wurde das Café Sperl als Café Ronacher in der Gumpendorfer Straße im sechsten Wiener Gemeindebezirk eröffnet. Jakob Ronacher verkaufte noch im selben Jahr das Kaffeehaus an die Familie Sperl, die ihm den bis heute bestehenden Namen gegeben hat. Von Anfang an war das Kaffeehaus besonderer Anziehungspunkt für Künstler, Maler und Architekten, und von 1895 bis 1942 wurde es zum Stammcafé des Malerzirkels „Haagengesellschaft". Auch die „Secessionisten" trafen sich vorwiegend hier.

Der „Kaffeeschlürfer".

Die „Secession"

1897 spaltete sich eine Reihe von Künstlern vom Künstlerhaus ab, weil sie den gängigen, vom Historismus geprägten Kunstbegriff nicht mehr mittragen wollten und einen Mangel an Innovation feststellten. Sie bildeten eine neue „Vereinigung bildender Künstler Österreichs" unter der Führung von Gustav Klimt (1862–1918), bedeutende Mitglieder waren weiters Koloman Moser (1868–1918), Josef Hoffmann (1870–1956) und Joseph Maria Olbrich (1867–1908). Auch Otto Wagner trat zu mancher Überraschung – beinahe 60-jährig – der Secession der „Jungen" bei. Viele der jungen Künstler waren seine Schüler gewesen und fühlten sich ihrem Lehrer dennoch verbunden, was von den „Vätern des Historischen" oft übersehen wurde. Wenige Jahre vor dem Ersten Weltkrieg provozierten andere junge Künstler die gewohnten Sichtweisen der Kunst, etwa Egon Schiele (1890–1918) und Oskar Kokoschka (1886–1980), die bekanntesten Vertreter des österreichischen Expressionismus. Gustav Klimt lernte in Ravenna und Venedig die Goldflächen und den ornamentalen Reichtum frühchristlicher und mittelalterlicher Mosaiken kennen. Mit seinem Hauptwerk „Der Kuss" (1907/08) zeigte sich, wer auf die freie Sinnlichkeit seiner vielen Frauendarstellungen reagierte. Themen, die in der Luft lagen, wurden nun öffentlich diskutiert – Themen, die auch Arthur Schnitzler und Sigmund Freud in ihren Werken behandelten. Sigmund Freud verwendete 1896 erstmals den Begriff „Psychoanalyse", seine auf 1900 vordatierte Abhandlung „Die Traumdeutung" erschien im November 1899. Dass Freud die Sexualität als Zentrum vieler Handlungen und Wünsche in seinen Werken darstellt, störte und verstörte viele seiner Zeitgenossen, die darin noch ein absolutes Tabuthema sahen. Arthur Schnitzler ging ebenfalls in vielen seiner Werke auf derartige Themen ein. Freud und Schnitzler lernten sich erst sehr spät kennen, obwohl sie in derselben Stadt lebten. Aus einem Brief Freuds geht hervor, dass er Schnitzler „aus einer Art von Doppelgängerscheu" gemieden habe: Schnitzler hätte in seinen literarischen Texten Gedanken aus der späteren Psychoanalyse vorweggenommen.

Damen im Kaffeehaus

Jedes Kaffeehaus charakterisierte sich in jener Zeit durch seine Stammgäste … Adel und Lebewelt, Literaten und Schauspieler, Militär und Politiker, Börsianer und Spieler und noch viele andere Berufsstände und Gruppen verliehen ihren Stammkaffeehäusern durch Generationen hindurch ihren eigenen, ganz speziellen Ausdruck. Gerade diese Vielfalt macht den gesellschaftlichen Reiz des „Alt-Wiener Kaffeehauses" aus und verleiht ihm eine ganz individuelle Note.

Späte Gäste ohne männliche Begleitung: die Damen aus den umliegenden Nachtlokalen.

Das Café Hawelka fügt diese Vielfalt zu einer Einheit zusammen. Jeder Einzelne findet hier seinen Platz, in einem ganz persönlichen Rahmen, zwischen den unterschiedlichsten Geschehnissen. Die Menschen hier besprechen sich oftmals zur selben Zeit über öffentliche und private Angelegenheiten, über die Wirtschaft, über Wissenschaften und Künste und über die schöne Literatur … politische, literarische, ökonomische, juristische und moralische Themen werden hier alle nacheinander, wie es sich aus der Gelegenheit ergibt, zum Gegenstand des Gesprächs. Alt und Jung an einem Tisch … Kreise, die sich auf angemessenem Niveau miteinander unterhalten … Alleinsitzende, die die Kaffeehausatmosphäre genießen … Herren, die bei einer Schale „Kleinen Braunen" mit einer Zigarette in der Hand alles Mögliche lesen … Alle menschlichen Leidenschaften finden sich auf diesem neutralen Boden nebeneinander oder vereint – alles scheint so zu sein, wie es aus alten Berichten über das Wiener Kaffeehaus hervorgeht. Doch an diesem oder jenem Tisch sitzt eine Dame ganz allein, was in den Wiener Kaffeehäusern bis ins 20. Jahrhundert ein befremdliches Bild dargestellt und nicht selten Irritationen ausgelöst hat.

Während im 19. Jahrhundert die Damen auch längst das Innenleben der Kaffeehäuser Frankreichs schmückten, standen für die Damenwelt in Wien die Kaffeehaustüren offiziell noch lange nicht offen. Bis ins 20. Jahrhundert waren die Gäste der Wiener Kaffeehäuser fast ausschließlich Männer. Das Kaffeehaus war damals ein Treffpunkt – vergleichbar mit einem rauchenden Herrenclub, samt Spiel und stiller Arbeit. Man wollte das „verruchte Ambiente" von Zigarren- und Zigarettenrauch, Alkohol, Spiel und heftigem Debattieren der Damenwelt nicht zumuten. Allenfalls mit männlichem Begleitschutz erlaubte man der Weiblichkeit den Zutritt. Nur der Sitzkassiererin oder besser ausgedrückt der Zahlmarkörin (von französisch *marqueur*, „der Anschreiber"), wie man sie zu damaliger Zeit oftmals titulierte, war es offiziell gestattet, sich im Kaffeehaus aufzuhalten, um ihre Arbeit hinter der Kassa im Eingangsbereich zu verrichten.

Trotz dieser strengen Regeln gewährte das Café Français bereits 1856 den Damen bereitwillig Zutritt – ohne männliche Begleitung. Noch zuvor legten die Damen vor Johann Jacob Taronis Café bereits in der zweiten Hälfte des 18. Jahrhunderts auf ihren Spaziergängen eine Ruhepause ein und nahmen zum ersten Mal öffentlich auf den Stühlen vor Taronis Lokal Platz – ebenso vor Giovanni Milanis Sommercafé. Sein Lokal war stets gerammelt voll, und obwohl sich seine bis dahin ausschließlich männlichen Gäste wie Bienenschwärme um die Tische versammelten, öffnete er im Laufe der Zeit bereitwillig den Damen seine Kaffeehaustüren.

Wie bei den Herren die Schriftsteller, so waren es in der Damenwelt auch vorwiegend die Schriftstellerinnen, die sich als Erste an einen Platz am Wiener Kaffeehaustisch wagten, wenn auch so manch ein männlicher Gast argwöhnisch zu deren Tischen schielte. Dass sich die Damen nach und nach in den von den Herren so sehr geliebten Wiener Kaffeehäusern als ebenso individuelle Persönlichkeiten durchzusetzen begonnen haben, damit konnte sich so mancher Herr ganz und gar nicht anfreunden. „Der Mann konnte sich im Kaffeehaus so richtig lebendig fühlen. Die Frauen haben den Männern den Kaffeehauszauber genommen. Sie haben es erobert." (Otto Friedländer, 1889–1961)

Heute verkehren die Damen selbstverständlich mit oder ohne Begleitung in den Wiener Kaffeehäusern. Meist sind sie sogar die Initiatoren so mancher kultureller Veranstaltungsreihen, Vortragende oder gar die Seele des Hauses. Aus heutiger Sicht hat sich das Wiener Kaffeehaus vom einstmaligen Herrenclub zu einem uneingeschränkten, vorbehaltlosen Treffpunkt für alle, die in besonderem Rahmen Zeit verbringen wollen, entwickelt. Mit den Damen in seinen Räumen gewann das Wiener Kaffeehaus endgültig die Note des freien Daseins.

Auszeichnung durch den „Klub der Wiener Kaffeehausbesitzer".

„EINEN KAFFEE, BITTE …"

Der „Herr Ober" ist eine Spezies Mensch, die es nur in Wien gibt: Er ist eine Melange aus Charme und Strenge, Bestimmtheit und Schmähführerei. Auch Herrn Engelbert aus dem Hawelka waren diese Eigenschaften nicht fremd.

Nicht nur uneingeschränktes Erleben in Form von unterschiedlichen Unterhaltungsmöglichkeiten, Zeitungen, Wortwitz und Notizbuch machen das Wiener Kaffeehaus zu dem, was es ist.

Die vielstimmige Kommunikationsstätte Café Hawelka ist ein ebenso reichhaltiger Ort des Genusses, ein Aromaparadies, das sich in erster Linie durch den Variationsreichtum zahlreicher Kaffeezubereitungsarten auszeichnet. Es ist eine Missachtung, geradezu eine Beleidigung für das Kaffeehaus, wenn ein Gast einfach einen Kaffee verlangt. Eine derart unsensible, laienhafte Bestellung zeugt von einer offensichtlichen Unkenntnis der hohen Kunst des Wiener Kaffeegenusses. Vorwiegend passiert dies bei Gästen aus fremden Ländern, in denen Kaffee- und Kaffeehauskultur nicht sehr viel Bedeutung haben. Macht dies aber ein Einheimischer, so setzt er offenkundig voraus, dass dem Herrn Ober seine bevorzugte Geschmacksrichtung bekannt ist. Natürlich informiert der geduldige, freundliche Wiener Kaffeehaus-Ober seine unwissenden Gäste gerne über die zahlreichen Kaffeevariationen hierzulande.

Obwohl der Kaffee – speziell der „Kleine Braune" – sehr gerne als Eintrittskarte in den Club „Wiener Kaffeehaus" bezeichnet wird oder wie Hans Weigel sagte: „Kaffee ist im Café nicht Zweck, sondern Mittel", so haben Herstellung und Zubereitung für die Geschmacksentfaltung doch ein sehr hohes Maß an Bedeutung gewonnen.

Das Grundrezept der Kaffeeherstellung und -zubereitung (durch Rösten der Bohnen, Zerstoßen und Sieden im Wasser) ist bis heute das gleiche geblieben.

Kaffeerezept 1853 aus einem „Österreichisch-Böhmischen Kochbuch":

Das Brennen des Kaffees geschieht in einer Kaffeetrommel, kann aber auch in offener Pfanne unter fleißigem Umrühren stattfinden.

Wenn der Kaffee ölig wird oder zu schwitzen anfängt, so ist er gut geröstet und muss gleich auf Papier geschüttet, auseinander gestrichen, ausgekühlt und dann verschlossen aufbewahrt oder nach Bedarf gleich gerieben werden.

Zum Aufguss nimmt man 4 Loth fein gestoßenen oder geriebenen Kaffee, drückt ihn mit dem so genannten Stampfer in das Siebchen der Kaffeemaschine und begießt ihn erst mit zwei Schalen sehr klarem, kochend heißem Wasser und anschließend mit weiteren vieren. In der Zeit von fünf Minuten ist der Kaffee goldrein durchgeflossen.

Der zurückgebliebene Satz ist zum nächsten Aufguss auszusieden.

Kolschitzkys erste Zubereitung des türkischen Kaffees bestand in einem leichten Absud von den gebrannten zerriebenen Bohnen, der den Wienern so gar nicht mundete. Durch längeres Abkochen gelang es ihm, das Kaffeearoma zu verstärken und ihn durch zusätzliches Versüßen erstmals schmackhafter zu machen. Als Nächstes soll Kolschitzky dem starken Getränk noch Milch hinzugefügt haben, um damit aus dem türkischen Kaffee einen „Wienerischen" zu machen. Die Melange war geboren, und der Wiener fand plötzlich Gefallen an dem Getränk. So erzählt es sich jedenfalls der sinnliche Wiener Kaffeehausbesucher, der schon immer Gefallen an Legenden gefunden hat. Andere bevorzugen die Version „Karl von Lothringen", der angeblich endlos lange mit der schwarzen Brühe experimentierte und schließlich Zucker und ein paar Tropfen Milch beimengte und damit als Erfinder der „Wiener Melange" gilt.

Erst durch weitere maßgebliche Verfeinerungen, sowohl im Herstellungsprozess als auch in der Zubereitung, entstand jener aromatische Variationsreichtum dieses Wundergetränks, dessen Vielfalt aus der Welt der Wiener Kaffeekultur heute nicht mehr wegzudenken ist. Jeder mag ihn anders: stark – schwach – kurz – ultra … Kaffee ist nicht gleich Kaffee. In der Frühzeit der Kaffeehäuser trugen die verschiedenen Kaffeesorten noch keine Namen. Doch bereits der Filterkaffee wurde in verschiedenen Stärken angeboten. Einer Anekdote zufolge sollen die Wiener Kaffeehaus-Ober ihren Gästen eine Farbpalette gereicht haben, auf der die unterschiedlichen Stärken des Filterkaffees in Farbabstufungen von schwarz bis milchig-weiß dargestellt waren. Die Gäste hatten anhand der feinen Farbabstufungen die Möglichkeit, ihren Lieblingskaffee auszuwählen. Diese Farbabstufungen deuten darauf hin, dass damals die Kaffeeauswahl in noch viel feineren Geschmacksrichtungen angeboten wurde und es eine noch viel umfangreichere Auswahl an Kaffeevariationen gegeben hat.

Ludwig van Beethoven gilt unumstritten als der erste Kaffeegourmet überhaupt. Er dosierte die Bohnen stets auf genau 60 Stück pro Tasse und erreichte damit exakt die Geschmacksnote, die noch heute der Grunddosierungsmenge der Kaffeezubereitung entspricht.

Im Café Hawelka verführt allein der Kaffeeduft dazu, die zahlreichen hauseigenen Wiener Kaffeevariationen zu probieren. In den 1960er-Jahren verließ der Kaffee sogar die Mauern des Hawelka und wurde auch in die umliegenden Geschäftslokale serviert. Das gesamte Hawelka-Kaffeeprogramm ist eine Eigenkreation des Hauses, seine Herstellung und Zubereitung basiert auf erstklassigem Bohnenkaffee. In ganz Wien lässt sich nicht annähernd eine ähnlich hochwertige Geschmacksrichtung, die qualitativ mithalten kann, finden. Bereits am Aroma nehmen wir erstmals wahr, dass Kaffee tatsächlich nicht gleich Kaffee ist und dass sich ein weiteres Stück an Kultur vor uns aufgetan hat.

Alle Kaffeevariationen werden im klassischen Wiener Stil serviert: auf einem Silbertablett mit einem Glas Wasser, daraufliegendem Kaffeelöfferl und einem Zuckertazzerl mit Würfelzucker. Diese Form des Servierens stellt einen wichtigen Teil der Kaffeetradition dar.

Die klassischen Kaffeevariationen existieren in Wien schon sehr lange. Man bezeichnete damals – wie auch heute – einen schwarzen Kaffee als „Mokka“. Doch seit der Erfindung der Espressomaschine in Italien und deren rasche Verbreitung wurde die Bezeichnung „Mokka“ immer mehr durch den „Espresso“ ersetzt. Der gemahlene Kaffee wurde erstmals durch Druck des heißen Wassers maschinell extrahiert. Ein Meilenstein in der Geschichte des Kaffees.

Rechte Seite: Die Preisliste im Hawelka: Kaffeetrinker kommen billiger weg als Weintrinker. Doch wie immer kommt es auf die Menge an.

Kaffee-Eigenkreationen im Hawelka

ULTRA
Vierfacher Espresso kurz

MENÜ
Großer Mokka mit doppeltem Birnenschnaps

FETTE
Heiße Schokolade mit Sliwowitz

LOUIS QUATORZE (LUDWIG XIV.)
Einspänner mit Cognac

MADAME POMPADOUR
Einspänner mit Calvados

IWAN DER SCHRECKLICHE
Einspänner mit Wodka

Klassische Kaffeevariationen

MELANGE
Eine Melange ist ein einfacher Kaffee mit heißer Milch zu gleichen Teilen und mit Milchschaum.

VERLÄNGERTER
Ist ein einfacher Kaffee, der länger gezogen wird und somit mehr Wasser enthält

EINSPÄNNER
Einfacher Kaffee im Glas mit Schlagobers. Der Name leitet sich von den „Einspännern" (Kutschen mit einem Pferd) ab. Der Kutscher konnte so seinen Kaffee trinken, ohne ihn zu verschütten.

FIAKER
Einspänner mit Rum

GROSSER MOKKA
Ein doppelt gezogener schwarzer Kaffee

KLEINER MOKKA
Ein einfacher Kaffee in einer kleinen Mokkaschale

INKL. PREISLISTE €
Wiener Melange 3,40
Einspänner 3,60
Kleiner Mokka 2,80
Großer Mokka 3,80
Heiße Schoko 3,60
Tee 2,80
Eiskaffee 5,80
Bier 0,5 l 3,60
Bier spezial 3,80
1/8 Weißwein 2,-
1/4 Weißwein 4,-
1/8 Rotwein 3,-
1/4 Rotwein 6,-
BUCHTELN/St. 1,40
Cola 3,20
Bombe 3,20
Mineral 3,20
Apfelsaft 3,-
Orangensaft 3,40
Marillensaft 3,40
Budweiser 4,30
Radler 3,80
Alkfrei Bier 3,80
Piccolo Sekt 8,80
Würstel mit 4,60
Bel. Brote 3,50
HAUSKUCHEN/STRUDEL 3,80

GROSSER BRAUNER
Doppelter Mokka in einer großen Schale mit etwas Milch

KLEINER BRAUNER
Kleiner Mokka in einer kleinen Schale mit etwas Milch

GROSSES GOLD
Großer Mokka kurz mit viel Milch

FRANZISKANER
Melange mit Schlagobers statt der Milchschaumhaube

KAPUZINER
Der Kapuziner ist ein einfacher Kaffee mit einem Schuss Schlagobers, sodass der Kaffee die Farbe einer Kapuzinerkutte annimmt.

KAISERMELANGE
Melange mit Eidotter

OBERMAYER
Doppelter Espresso, bei dem man flüssiges Obers mit Hilfe eines umgedrehten Kaffeelöffels vorsichtig in den Kaffee fließen lässt

MAZZAGRAN
Doppelter Mokka, der über Eiswürfel gegossen und somit gekühlt serviert wird

MARIA THERESIA
Einspänner mit Grand Marnier

IRISH COFFEE
Einspänner mit einem Irish Whiskey

WIENER EISKAFFEE
Eisgekühlter Kaffee mit einer Kugel Vanilleeis und Schlagobers

WIENER EISSCHOKOLADE
Kalte Schokolade mit Vanilleeis und Schlagobers

Die hochwertige Hawelka-Kaffeekultur ist durchaus mit einer sensiblen Weinkultur vergleichbar. Während jeder Weinbauer seine Weinstöcke auf eigenem Grund und Boden anbaut und selbst für die Traubenqualität verantwortlich ist, beziehen die Kaffeeröster ihr Rohgut auf dem Weltmarkt aus unterschiedlichsten Ländern. Durch die Auswahl der Herkunftsländer und seiner Qualität erhält der Kaffee zwar ein besonderes Profil, aber seine charakteristische Farbe bekommt er erst beim Rösten.

Zudem verleiht das Mischrezept jeder Rösterei dem Kaffee seinen individuellen Geschmack und seine Würze. Entscheidend für die Qualität der ausgewählten Kaffeebohnen ist ausschließlich die Kunst des Röstens. Das köstliche Aroma und den verführerischen Duft entfaltet der Kaffee erst nach dem Röstprozess.
Geröstet wird nach althergebrachter Manier in kleinen Mengen. Die Verantwortung für jede Trommel trägt der Röstmeister, der nach einem einmaligen traditionellen Verfahren vorgeht, welches alle seine Sinne fordert. Äußerst sensibles Hören, Sehen und Riechen muss ihm absolut gegeben sein, damit sich der Kaffee nach seinen höchsten Ansprüchen entwickeln kann. Dank seiner fein kultivierten Sinne, seiner

So wird Kaffee in Wien serviert: Tasse mit Untersetzer, Wasserglas mit fein ausbalanciertem Löffel, Zuckerwürfel im Glastazzerl, und das alles auf silbernem Tablett.
So und nicht anders.

Berufserfahrung und seiner Aufmerksamkeit erreicht der Kaffee genau den von ihm gewünschten Röstgrad. Im Verlauf des Verfahrens entnimmt der Röstmeister immer wieder Proben, um den Entwicklungsprozess der Kaffeebohnen sowie den Verlauf des gesamten Röstprozesses ständig zu überwachen. Mit seinem bloßen Auge erkennt er anhand einer exakten Farbanalyse das Röstende für das qualitativ höchste Ergebnis und vergleicht es zusätzlich noch mit einer bereits zuvor erarbeiteten Standardprobe. Unabdingbar ist auch die ständige Überwachung, dass alle Bohnen gleichmäßig geröstet werden. Haben die Bohnen eine schöne dunkle, mahagonibraune Farbe angenommen, ist das Röstverfahren abgeschlossen und die gerösteten Bohnen müssen unverzüglich auf ein Sieb geschüttet werden, damit sie möglichst rasch abkühlen, nicht in ihrer eigenen Hitze weiterrösten, und sich das Aroma vollkommen entfalten kann. Der Röstmeister macht auch hier noch einmal Stichproben, um die Qualität der frisch gerösteten Kaffeesorten zu testen.

In großen Unternehmen ist das Röstverfahren weitgehend automatisiert und nimmt gerade noch etwa ein Drittel der Zeit des echten Rösthandwerks in Anspruch. Das wachsame Auge und das Feingefühl des Röstmeisters hat man fast gänzlich der Technologie anvertraut. Eine Röstung von Hand ist heute noch seltener geworden als das „Alt-Wiener Kaffeehaus" selbst, gilt aber nach wie vor als die qualitativ am höchsten eingestufte Kaffeeherstellungsart. Durch die Kaffeeindustrialisierung und Massenproduktionen ist Kaffee in dieser Qualitätsklasse leider nur noch sehr selten in Kaffeehäusern zu finden.

In Bezug auf echtes Rösthandwerk und ausgereifte Kaffeekultur haben die Gäste im Café Hawelka sehr viele Möglichkeiten, ihre Schale Kaffee in ganz individueller, einzigartiger Geschmacksrichtung zu entdecken. Mit einem Mal ist klar, warum die Bestellung eines „Kaffees" in einem Wiener Kaffeehaus geradezu als Missachtung dieser Kultur angesehen wird.

Die Wirkung des Kaffees selbst schreibt man in der Hauptsache dem Alkaloid Koffein zu, das erstmals 1820 vom deutschen Chemiker Friedlieb Ferdinand Runge extrahiert wurde. Eine der klarsten Definitionen der Auswirkungen des Koffeins stammt von dem amerikanischen Arzt Horatio Wood: Koffein wirkt auf die Reflexzentren des Rückenmarks. Es befähigt die Muskulatur, sich kräftig zusammenzuziehen, ohne in der Folgezeit eine Depression zu erzeugen, so dass das gesamte Arbeitspensum eines Menschen mit Koffein höher sein kann. Wenn der mit Koffein angereicherte Muskel immer die bessere Leistung erzeugt, so können wir daraus erkennen, dass das Koffein nicht nur die Kraft der Kontraktionen steigert, sondern den Muskel auch befähigt, ökonomischer zu arbeiten, also mit der gleichen Menge Energie eine gesteigerte Leistung zu vollbringen. Kein Chef würde jemals einem Mitarbeiter verbieten, während der Arbeitszeit Kaffee zu trinken.

Auch die Tradition des Wasserglases wird nach wie vor hochgehalten. Es ist eine wahre Freude zuzusehen, wie die Silbertabletts durch den Raum schweben – beladen mit schlichten, stilvollen Kaffeetassen, kleinen Zuckertazzerln mit Würfelzucker und Wassergläsern, die auf den Silbertabletts schillern.

Oben: Die künstlerische Seite von Leopold Hawelka: Sonnenblumen, selbst gemalt.

Linke Seite: Die kleinen, aber wichtigen Accessoires im Kaffeehaus: ein Mascherl, wenn es einmal feierlich wird; Campari und Mostbirnen-Edelbrand, wenn ein Kaffee nicht mehr reicht; Servietten für jede Gelegenheit, und zum Schluss doch eine Melange.

Rechte Seite:
„Zahlen, bitte!" Ober beim Kassieren um 1900.

Als der Genuss von Kaffee noch den Adeligen vorbehalten war, wäre es unschicklich gewesen, den Löffel einfach abzuschlecken und auf die Untertasse zurückzulegen. Also wurde ein Glas Leitungswasser mitserviert, in das der Löffel abgelegt werden konnte. Inzwischen haben sich auch einige gesundheitliche und strategische Theorien zum Wasserglas entwickelt.

In der Zwischenkriegszeit lebten viele Wiener in eher bescheidenen Verhältnissen. Die Menschen wollten aber auf ihren Kaffeehausbesuch nicht verzichten und leisteten sich trotz allem eine Schale Kaffee. Sofort bemerkten die aufmerksamen Wiener Kaffeesieder, dass ihre Gäste nach einer Schale Kaffee nicht gleich wieder nach Hause gehen wollten, servierten deshalb ein Glas Wasser dazu und füllten dieses jede halbe Stunde wieder auf.

Wie kann ein Glas Wasser über Jahrzehnte hin zu einem derart wichtigen Bestandteil der Tradition werden? Weil in Wien der Kaffee heiß und stark getrunken wird? Weil die Gäste den Durst nach dem Kaffeegenuss damit löschen können, oder etwa weil damit die entwässernde Wirkung des Koffeins ausgeglichen wird? Das alles sind gute Gründe, die von jedem Kaffeehausbesitzer berücksichtigt werden. Aber der eigentliche Grund – die Tradition, von der das Hawelka-Wasserglas erzählt – ist für jeden Kaffeehausfreund der allerschönste. Es ist bereits an der Anzahl der Wassergläser zu beobachten, wer hier ein regelmäßiger Besucher ist. Nicht selten reichen die Herren Ober ihren Stammgästen Wasser nach, wenn sie bemerken, dass ihr Kaffee bereits leergetrunken ist. Die Wassergläser sind eine pure Geste der Gastfreundschaft und diese darf durchaus als Einladung, noch eine Weile zu bleiben, verstanden werden.

Die Herren „Ober"

Das Hawelka ist stets dicht besetzt und ständig strömen noch mehr Leute in das Lokal. Offensichtlich gibt es keinen freien Tisch mehr, aber ein freundlicher „Kellner" ist sofort zur Stelle, begrüßt die Gäste auf eine außergewöhnliche, charmante Art und Weise und begleitet sie an einen freien Platz. Erst nachdem sie in aller Gemütlichkeit ihre Mäntel und Jacken abgelegt und Platz genommen haben, nähert er sich erneut dem Tisch und widmet sich seinen Besuchern. Sein Auftreten in schwarzem Smoking, schwarzer Hose und weißem Hemd mit gebundenem Mascherl und die

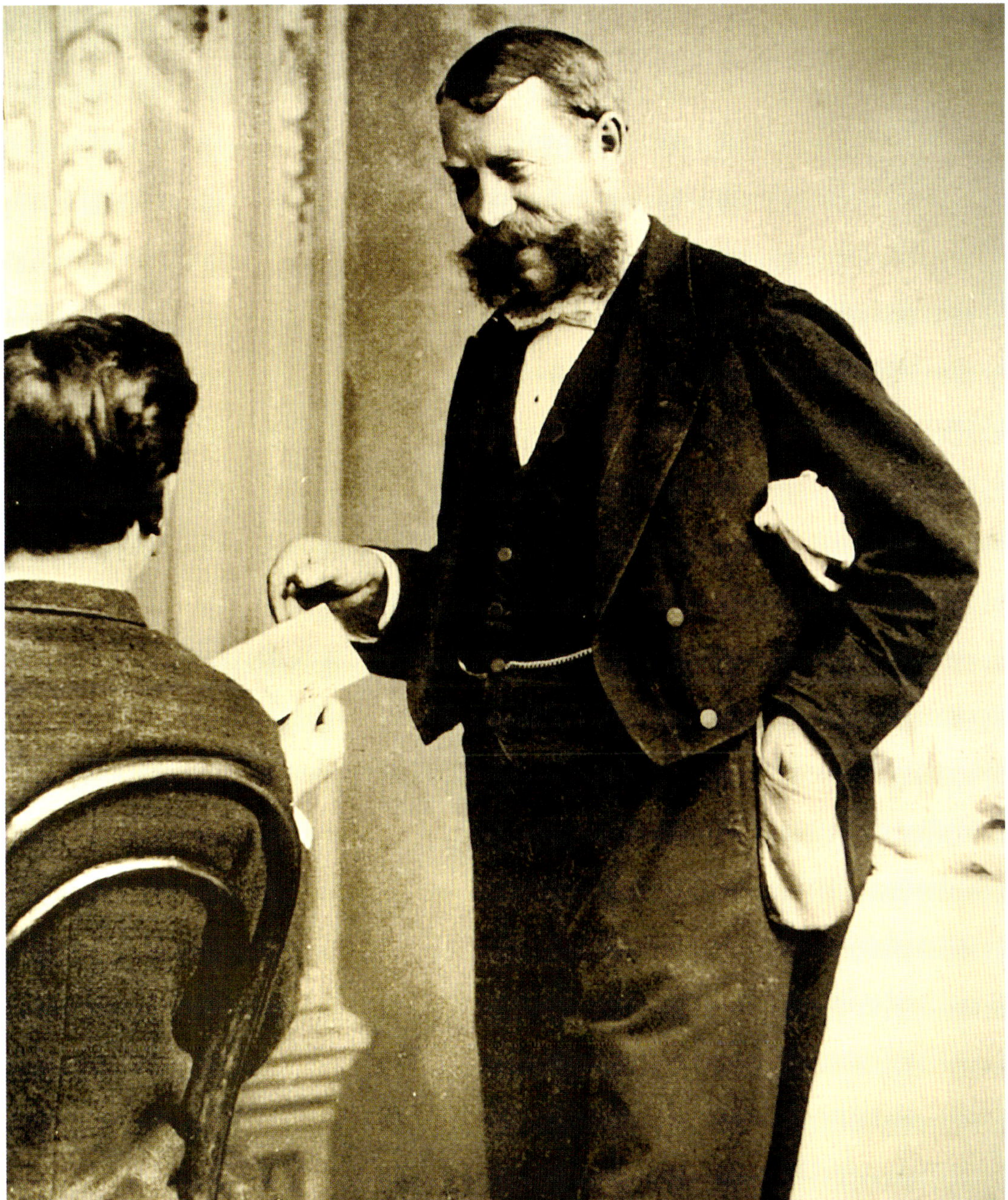

Rechts: Herr Oliver glänzt als ein echter Ober mit seiner Arbeitstechnik und seiner direkten Art. Als einer der wenigen in Wien trägt er noch fünf Silbertabletts auf einmal.

zuvorkommenden Umgangsformen lassen Zweifel aufkommen, dass es sich hier bloß um einen gewöhnlichen „Kellner“ handelt und bestätigt, dass das Café Hawelka ein Ort ist, der zumindest in diesem Sinn nichts mit einem Kaffeehaus, wie es uns im Allgemeinen bekannt ist, gemeinsam hat. Die „Kellner“ hier sind wahrhaftige Künstler. Es ist erstaunlich, wie sie in Monarchenhaltung die akrobatische Leistung vollbringen, bis zu fünf beladene Silbertabletts durch die schmalen Gänge des voll gestopften Lokals zu jonglieren. Sie sind ruhig und gewandt – halten stets einen gleichmäßigen Rhythmus – verlieren trotz Stress niemals ihre Souveränität – alles läuft perfekt – ein eingespieltes Team – sie lassen sich nicht antreiben – versprühen gute Laune und Charme – jeder wird davon eingenommen – und sie übernehmen die volle Verantwortung – nicht nur für das Lokal, auch dafür, in welcher Stimmung jeder einzelne Gast das Kaffeehaus wieder verlässt. Was auch immer den wahren Unterschied ausmachen mag – sofort erheben wir den „Kellner“ zu einem „Herrn Ober“.

Es gibt kaum eine zweite Stadt auf der Welt, in der die Herren Ober eine derart bedeutende Rolle übernehmen wie in Wien. Ein Herr Ober in einem „echten“ Wiener Kaffeehaus zu sein bedeutet weit mehr, als in einem Vorstadtcafé zu kellnern, wobei es hier nicht um die finanzielle Stellung geht, sondern um die gesellschaftliche. Ein wohlwollendes „Küss die Hand, gnä' Frau!“ ist für ihn genauso selbstverständlich, wie den Damen in den Mantel zu helfen und damit die Umgangsformen des gesamten Kaffeehauses zu unterstreichen. „Wiener Kaffeehaus-Ober“ ist wie ein Adelstitel in dieser Berufssparte. Eine unbestechliche Art der Höflichkeit und eine gewisse Portion lokaler Ausprägung schlechter Laune machen den Herrn Ober im Wiener Kaffeehaus zur Respektsperson. Als eine solche muss er seine Augen überall haben und stets in Hörweite sein, um nicht die kleinste

Links: Elegant gemascherlt serviert und balanciert es sich gleich viel charmanter. Leopold Hawelka beim Austarieren einer Schale, gelobt von seiner Frau Josefine.

Rechts: An der Bar im Hawelka – wer es gerne hochprozentig will, kann sich hier bei Herrn Visa einen Schluck gönnen. Er besitzt die Fähigkeit, einem Schokolade hassenden Teetrinker eine Melange und eine Sachertorte mit Schlag schmackhaft zu machen. Er schiebt die besten Wuchteln und ist der größte Schmähführer im Café.

Geste eines Gastes zu übersehen. Er ist ein Herr der Wahrnehmung und muss wie ein unsichtbarer Geist durch das Lokal schweben und Wünsche von den Augen ablesen können. Es gehört zu seinen Aufgaben und Fähigkeiten, seine Gäste zu beobachten und zu studieren. Zu früheren Zeiten hat der Herr Ober über seine Gäste und deren spezielle Eigenheiten sogar Buch geführt, um nichts Wichtiges zu vergessen. Ein perfekter Wiener Kaffeehaus-Ober weiß beinahe alles über seine Gäste – oft sogar mehr, als denen lieb ist.

Er hat sich seinen Stand auf einem nicht gerade leichten Weg erarbeitet. Am Beginn seiner Ausbildung war er als Piccolo von seinem Berufsziel etwa so weit entfernt, wie der Student im ersten Semester vom Doktor. Ein Piccolo bewegt sich auf der Dienstbotenebene. Er muss immer zur Stelle sein, ohne wahrgenommen zu werden, und dieses unauffällige Wirken will ebenfalls gelernt sein. Sein Aufgabenbereich umfasst unaufgefordertes Aschenbecherleeren, aufmerksames Wassernachreichen … und das alles, ohne dass der Gast es bemerkt, geschweige denn gestört wird. Beherrscht er dies einmal perfekt, dann wird der Piccolo zum Zuträger ernannt. Das ist seine erste Beförderung und nun darf er dem Herrn Ober assistieren, indem er seinem Vorgesetzten beim Servieren zur Hand geht und genauestens darüber Bescheid weiß, welches Tablett an welchen Tisch gehört. Er ist plötzlich auch der Vorgesetzte seines nachfolgenden Piccolos und wartet nur noch auf eine Position als Ober, in der ihm noch die Tätigkeit des Inkassos zugeordnet wird. Ein tüchtiger Zuträger darf seinen Vorgesetzten – den amtierenden Herrn Ober – vertreten, wenn dieser auf Urlaub ist oder aus anderen Gründen ausfällt. Damit hat der Zuträger den weiteren Titel eines „Springers" errungen. Wenn dann endlich der alte Herr Ober in den Ruhestand tritt, ist es so weit. Der Piccolo hat es vom Zuträger über den Springer zum Ober gebracht. Man kann ihn durchaus als Akademiker unter dem Kaffeehauspersonal bezeichnen. In seiner weiteren Laufbahn als „Herr Ober" hat er nur mehr die Möglichkeit durch seine persönliche Note und Souveränität zu bestehen. Es gibt keine Kurse, die ihn bis zum perfekten Ober-Auftreten begleiten.

Es kommt nicht selten vor, dass der Wiener-Kaffeehaus-Ober in einer ganz speziellen Art von Unhöflichkeit erlebt wird. Gäste aus dem Ausland mögen dies erstmal als Irritation empfinden, während es den einheimischen Kaffeehausbesuchern meist gar nicht mehr auffällt. Dieses „Granteln", wie es hier in Wien bezeichnet wird, gehört zur Kaffeehauskultur dieser Stadt. Beinah könnte man meinen, dass es für Wiener Ober so etwas wie „Grantseminare" geben muss, in denen man lernt, diese ganz besondere

Herr Sascha ist die Ruhe in Person, charmant, aufmerksam, pünktlich. Für ihn gilt: In der Ruhe liegt die Kraft.

Herr Walter ist sehr beliebt und der erfahrenste Ober im Betrieb.
Er verbessert den Ruf der Ober durch seine Herzlichkeit und Freundlichkeit.

Art von Charme auszustrahlen. Einerseits unterliegt ein erheblicher Teil dieses Grantelns dem Wiener Kaffeehausschmäh, den die Fremden und die Touristen nicht verstehen, andererseits ist der Herr Ober für den reibungslosen Ablauf im Café verantwortlich und es bleibt ihm oft nichts anderes übrig, als zu maßregeln. Was den Wiener Kaffeehausschmäh betrifft, erschließt sich dieser dem Gast erst nach etlichen Kaffeehaussitzungen im Detail. Trotz aller höflichen Worte sollte man ganz besonders auf die Zwischentöne achten, denn darin liegt ein erheblicher Teil des Kaffeehausschmähs verborgen. Als Gast sollten Sie auch wissen, wie ein Herr Ober am besten angesprochen wird. Er selbst würde nicht einmal andeuten, von sich aus eine weitere Bestellung aufnehmen zu wollen. Das würde gegen sämtliche Regeln verstoßen. Ihm einfach das Wort „Ober!" hinterherzurufen, wird ihn zu keiner schnellen Reaktion veranlassen. Noch schlimmer ist es, wenn Gäste ein unpersönliches „Hallo!" durch das Lokal rufen, oder gar mit den Fingern schnippen und dabei mit dem Löffel an das Glas klopfen. Das alles empfindet der „Herr Ober" als Degradierung seines Standes. Wenn er von Ihnen aber ein wohlklingendes „Herr Ober!" vernimmt, so wird er es sofort mit einem „Bitte sehr, bitte gleich, Sie wünschen?" beantworten. Ein berufener „Herr Ober" ist eben ein standesgemäßer, der seine Gäste seinem Stand entsprechend behandelt. Dem sensiblen Herrn Ober ist es auch wichtig, wie Sie ihm das Trinkgeld verabreichen. Sollten Sie das Wechselgeld einfach auf dem Silbertablett liegen lassen, wäre es so, als würden Sie einem Straßenmusikanten im Vorübergehen ein paar Cent in den Hut werfen. Ein höflich dankbar klingendes „Stimmt so!" hingegen wird jeder Kaffeehaus-Ober mit einer ehrenvollen Geste dankbar annehmen.
Genauso wie der Herr Ober seinen Gast unter die Lupe nimmt, macht es der Gast mit dem Herrn Ober. Er betritt das Lokal allerdings als Majestät, um sich bedienen zu lassen, aber selbst Monarchen regieren leichter, wenn sie beliebt sind. Der Kaffeehausbesucher trägt die Verantwortung, die Würde des Herrn Ober nicht zu untergraben und ihn nicht wie einen Bediensteten zu behandeln. Hier gilt, kleine Ursachen – große Wirkung! Die Herren Ober sind einem Spiegel gleichzusetzen und Sie sollten ihnen mit gleichem Format entgegenkommen, wie sie es darbieten. Eine nette Geste, ein kleines Entgegenkommen, und Gast und Ober krönen sich gegenseitig zur Majestät. Es ist nicht leicht, ein vollkommener Kaffeehausgast zu sein. Der Gast hat zwar keine Pflichten, genießt aber beinahe alle Rechte und dazu gibt es noch charmante, aufmerksame Bedienung. Trotzdem sollte es dem Gast nicht an Feingespür für unsichtbare Grenzen mangeln.

DAS CAFÉ LEOPOLD HAWELKA

KUNST!
geld in lettland
SCHIELE
& KLIMT

26. Oktober 1918 Nr. 1233

Täglich geöffnet ab 9 Uhr vormittags bis 11 Uhr nachts.
Untersteht nicht dem Sperrverbot.
Chatham-Bar
Wien, I. Dorotheergasse 6.
Nachmittags: Czermak
Abends: RAKOWIANU
am FLÜGEL.
488
Kalte u. warme Küche. Hans Tiez, Besitzer.

Café Eduard Sacher.
Nachmittags- und Abend-Konzert.
Am Flügel: Ferdinand Leopoldi.
:: Täglich kalte Küche. ::
466

Vorherige Seite: Halb eins im Hawelka: Nicht immer ist es so einfach, einen Platz zu bekommen.

Oben: Anzeige vom 26. Oktober 1918 im „Neuen Acht-Uhrblatt“

Rechte Seite: Aus der schummrigen Chatham-Bar wurde das gemütliche Hawelka.

Im Haus des Österreichischen Bühnenvereins befand sich dort, wo heute das Hawelka ist, die „Chatham-Bar“ – ein modernes Lokal, das mit Piano-Livemusik und verspiegeltem *Chambre séparée* beeindruckte. Das Séparée hatte etwas Verwirrung unter die Menschen gebracht, und so ließ die undeutliche Aussprache mancher Wiener aus dem „Chatham“ bald ein „Je t'aime“ werden. Auch Josefine Hawelka wusste so manche Geschichte über das Lokal mit dem spiegelbehafteten Kabinett zu erzählen. Das gesamte Inventar aus dieser Zeit und auch die Fassade des Séparées sind bis heute im Café Hawelka unverändert erhalten, hinter dem Spiegel befindet sich nunmehr das Lager des Kaffeehauses. 1925 wurde die Bar von Anton Berger, dem Ex-Chef des Cafés Bellaria, übernommen. Er benannte das Lokal nach Erzherzog Karl Ludwig und führte es als das „Café Ludwig Carl“ weiter. 1939 war Anton Bergers Kaffeehaus aber derart heruntergekommen, dass er es wegen hoher Verschuldung veräußern musste.

Das Ehepaar Josefine und Leopold Hawelka betrieb zu dieser Zeit das Café Alt Wien in der Bäckerstraße, das sie bereits ein paar Tage nach ihrer Hochzeit am 1. Dezember 1936 eröffnet hatten. Im Hinterkammerl des Cafés hatten sie für ein halbes Jahr ihr erstes gemeinsames Zuhause. Damals war die Gegend, in der das Alt Wien liegt, eine eher dunkle, in der sich fast ausschließlich „Strizzis“ (so werden in Wien die Gestalten genannt, bei deren Anblick man vorsichtshalber die Straßenseite wechselt) herumtrieben und das Kaffeehaus belagerten. Das Viertel hatte einen derart schlechten Ruf, dass sich selbst Leopold, sobald es dunkel wurde, nur in der Mitte der Straße bewegte, um den Gefahren möglichst weit aus dem Weg zu gehen. Auch im Lokal befand sich ein seltsames Publikum. Die Gäste konnten sich vor allem für Alkohol, Spiel und Nichtstun begeistern. Doch dann räumte das Ehepaar gründlich auf, warf Betrunkene aus dem Lokal und verbot unverzüglich das unter den Gästen täglich gespielte Stoß-Kartenspiel. Das Ergebnis dieses konsequenten Auftretens war ein Café mit Niveau, in dem sich die Gäste wohl fühlen konnten. Nachdem drei Jahre später (1939) der Pachtvertrag abgelaufen war, erhöhte der Besitzer die Pacht dermaßen, dass an eine Weiterführung des Cafés nicht zu denken war. Das Ehepaar Hawelka war gezwungen, das Feld zu räumen und sich nach einem neuen Lokal umzusehen. Josefines Wunsch war es, in der Innenstadt zu bleiben und weiterhin zusammen mit ihrem Ehemann ein gemütliches Kaffeehaus zu betreiben. Da stand das kleine „Café Ludwig Carl“ zum Verkauf. Es bedeutete zwar das Wagnis, noch einmal ganz von vorne zu beginnen – bot aber auch die Möglichkeit, in der

noblen Innenstadt bleiben zu können und in die Dorotheergasse 6 zu übersiedeln. Die Dorotheergasse ist eine schmale, lang gezogene Gasse, die den Graben mit der Augustinergasse verbindet. Bereits im Hochmittelalter zog sie die Grenze zwischen zwei Äckern südlich des Grabens, im 13. Jahrhundert wurde sie durch die Stadterweiterung in das Wiener Stadtgebiet eingebunden. Wegen der hier ansässigen Tuchfärber wurde sie damals als die „Verberstraße" bezeichnet und bekam dann 1440 den Namen „St. Dorotheengasse". 1581 – 1587 wurde für Königin Elisabeth von Frankreich das Königinkloster erbaut, und damit präsentierte sich die Gasse ab dem 16. Jahrhundert als eine der vornehmsten in Wien. Im 17. Jahrhundert wurde die „St. Dorotheengasse" Wohnsitz von Hofwürdenträgern und entwickelte sich zu einer bedeutenden Kloster- und Palaststraße. 1687 erteilte Kaiser Leopold I. vor der Einführung der Wiener Straßenbeleuchtung den Auftrag, die Probebeleuchtung mit Gaslaternen in der „St. Dorotheengasse" durchzuführen, die erst Ende 1962 in Wien zur Gänze von der elektrischen Beleuchtung ersetzt wurde. 1688 veränderte sich durch die Aufhebung der beiden Klöster und Neubauten im südlichen Abschnitt der Charakter der Gasse völlig. 1701 wurde sie nach dem Augustiner Chorherrenstift „St. Dorothea" in die „Dorotheergasse" umbenannt, seither ist sie ein Zentrum der evangelischen Gemeinden in Wien. Anfang des 20. Jahrhunderts wurde auch der nördliche Abschnitt durch mehrere Neubauten modernisiert. Besonders kreativ zeigte sich die Dorotheergasse im Jahr 1988 für die Dauer der Wiener Festwochen. Durch die künstlerische Gestaltung unter dem Motto „Freizone Dorotheergasse" verwandelte sich der gesamte Bereich in eine „Kunstzone", die sich vom Graben bis zum Dorotheum als einzigartiges Gebilde präsentierte.

Das erste Kaffeehaus in der Dorotheergasse wurde bereits am 30. Mai 1783 eröffnet. Johann B. Ducati betrieb seit 1765 an der Schönbrunner Gartenmauer ein Kaffeehaus. 1783 übersiedelte er in die Dorotheergasse, in das Haus mit der Konskriptionsnummer 1136, und eröffnete dort sein Kaffeehaus „Dukati" mit Billardzimmer. Die mit karmösinfarbigem Tuch fein bezogenen Billardtische verliehen dem Lokal ein nobles Flair. Seine Spezialität bestand aber in einer reichen Auswahl an Gefrorenem, das die Gäste anlocken sollte. Er hielt es auch für nötig, den Rauchern entgegenzukommen und stattete zwei Zimmer im ersten Stock mit Tabakpfeifen und dem nötigen Zubehör aus. Ebenso stellte er verschiedene Zeitungen für seine Gäste zur Verfügung. Johann B. Ducati war ein sehr unruhiger Geist und verlegte sein Kaffeehaus bereits 1788 erneut, in das Rüsthaus beim Roten Turm.

Am 15. Mai 1939 zogen Leopold und Josefine Hawelka in die Dorotheergasse 6. Um halb drei Uhr nachmittags unterschrieb Leopold Hawelka voll Freude und Entschlossenheit den Vertrag. Nun konnte das wahre Leben im Dienst des Kaffees beginnen – doch es dauerte vorerst wiederum nur ein paar Monate.
Am 1. September 1939 brach der Zweite Weltkrieg aus. Leopold wurde am 1. Mai 1940 zum Militärdienst einberufen und Josefine erhielt die Nachricht, dass ihr Ehemann für fünf Monate als Soldat dienen musste. Aus den fünf Monaten wurden fünf Jahre harter Kriegsdienst, in denen Leopold seine Erfahrung und Tüchtigkeit im Gastronomiebereich zugutekamen. Er zog mit seiner Einheit quer durch Europa und war schließlich im eiskalten Stalingrad stationiert. Besonders froh ist er heute, dass er während der gesamten Kriegszeit keinen einzigen Schuss aus seiner Waffe abfeuern musste.
Die Türen seines Kaffeehauses blieben infolge des Krieges für fast sechs Jahre geschlossen. Währenddessen brachte Josefine ihren Sohn Günter am 12. Juli 1940 in Wien zur Welt, Tochter Herta wurde am 24. Juli 1939 geboren. Wie viele andere musste auch Josefine sehr bald Wien verlassen und sie verbrachte die Zeit während der Kriegsjahre mit ihrer einjährigen Tochter Herta und ihrem neugeborenen Sohn Günter bei ihrer Familie in Kirchdorf an der Krems. 1943 gab es für Leopold endlich den ersten Fronturlaub. Zum ersten Mal bekam er seinen Sohn Günter zu Gesicht und er sah nach langer Zeit seine Familie wieder.

Fünf nicht enden wollende Jahre musste Leopold Hawelka als Soldat im Zweiten Weltkrieg dienen. Kurz nach dessen Ende eröffneten seine Frau Josefine und er ihr Kaffeehaus in der Dorotheergasse wieder.

Die Nachkriegszeit

Am 8. Mai 1945 war der Krieg in Europa endlich zu Ende. Wien bot zu diesem Zeitpunkt einen verheerenden Anblick. Der Zweite Weltkrieg hatte dem Wiener Kaffeehaus den absoluten Tiefstand gebracht. Viele Kaffeesieder waren zum Militärdienst einberufen worden und mussten deshalb ihre Lokale schließen – ein äußerst düsteres Kapitel in der gesamten Wiener Kaffeehausgeschichte. Besonders traf es aber die Kaffeehäuser in der Leopoldstadt. Kaffeehausbesitzer und Besucher waren vorwiegend jüdischer Herkunft gewesen, und das einstmals sehr lebendige Kaffeehausleben im zweiten Wiener Gemeindebezirk war durch den Holocaust völlig erloschen.
Mit Kriegsende wurde das Wiener Kaffeehaus totgesagt. Verfolgen wir aber seine Geschichte, so wird deutlich, dass sich die Menschen gerade in schlechten Zeiten sehr

gerne und häufig in Kaffeehäusern zusammengefunden haben. Hier fanden sie neben angenehmer Gesellschaft auch Wärme und Geborgenheit und sie konnten den grauen, trostlosen Alltag wenigstens für ein paar Stunden hinter sich lassen.
Auch die Familie Hawelka kehrte nach dem Krieg in das zerbombte Wien zurück. Wie durch ein Wunder war ihr Kaffeehaus vollkommen heil geblieben. Nicht eine einzige Fensterscheibe war zersprungen, obwohl rundum die Ruinen aus dem Boden ragten. Das Café war während des Krieges als Magazin- und Holzlager genutzt worden. Als die Familie Hawelka ihre Kaffeehaustüren öffnete, bot sich ihr zwar ein sehr verschmutzter Anblick, doch zu ihrer Überraschung hatte auch die Innenausstattung den Krieg ohne Schaden überstanden. Die Freude, den Krieg überlebt zu haben und das Café in unbeschädigtem Zustand vorzufinden, war mehr als groß. Am 3. Dezember 1945 sperrten Leopold und Josefine ihr Kaffeehaus wieder auf. Zunächst musste allerdings für das allgemeine Wohlgefühl gesorgt werden.
In ganz Wien waren während des Krieges die Gasleitungen zerstört worden. Kälte und Ungemütlichkeit herrschten in der frostigen Jahreszeit nicht nur im Freien. Es gab in dieser Zeit für Leopold und Josefine nur eine Möglichkeit ihr Kaffeehaus zu beheizen. Ihre Überlegung, ein Ofenrohr zum Fenster hinauszustecken, war auch in der Nachkriegszeit gesetzeswidrig. Leopold marschierte täglich über zwei Stunden mit seinem Handkarren zum Lainzer Tiergarten in den Wienerwald, um Holz zu sammeln, das er mit großer Anstrengung auf einem Zwei-Stunden-Rückmarsch in sein Kaffeehaus transportierte. Durch einen Zufall lernte Leopold einen Beamten kennen, der ihm ein sehr willkommenes Angebot machte: „Hawelka, ich geb Ihnen einen Bezugschein. Wenn S' mir Konserven geben, kriegen S' a Holz!" Für vier Konserven erhielt Leopold einen Bezugsschein für Holz und war sehr froh darüber. Von nun an musste er nur noch in den zweiten Bezirk, um das Heizgut in sein Kaffeehaus zu schaffen. „Ich hab immer Glück gehabt im Leben … während des Krieges und auch danach", erzählt er. Die Menschen warteten täglich darauf, bis die Rauchschwaden in der Dorotheergasse endlich aufstiegen. Für sie war es ein Zeichen, dass Josefine und Leopold ihr Kaffeehaus geöffnet hatten und sie wieder in den wohlig warmen Räumlichkeiten verweilen konnten. Aber auch den Behörden ist der Rauch nicht verborgen geblieben. Karl Pölzl hatte als Beamter der Baupolizei den Auftrag, dieser Sache nachzugehen. Er betrat das Café Hawelka und war von der einzigartigen Atmosphäre geradezu überwältigt. Das Ofenrohr durfte bleiben – auch Karl Pölzl blieb und wurde ein täglich gern gesehener Stammgast. Sobald die Gasleitungen in Wien wieder

Ein Mann von Welt trotz Nachkriegswehen: Viele Genussmittel, die heute für ein Kaffeehaus selbstverständlich sind, konnte man in den Jahren nach dem Krieg nur schwer bekommen.

„Weiter geht's, Leopold!" Josefine war die treibende Kraft im Lebens- und Arbeitsduo Hawelka, auch auf der privaten Fototour durch Wien.

intakt waren, wurde das Café Hawelka als eines der ersten Lokale wieder an das öffentliche Versorgungsnetz angeschlossen.

Der Krieg veränderte das Wiener Kaffeehaus in vielerlei Hinsicht. Für die Kaffeesieder war es besonders schwierig geworden, an Genussmittel, die ein Kaffeehaus zur Verfügung haben sollte, heranzukommen. Vieles war nur auf dem Schwarzmarkt erhältlich. Ohne Mittelsmänner war es unmöglich, an Zigaretten und andere begehrte Güter zu gelangen, und so standen die Kaffeehausbetreiber ständig mit einem Fuß auf dem schwankenden Boden der Kriminalität.

Wohlfühlen mitsamt allem, was in ein Wiener Kaffeehaus gehört, ist für uns zur Selbstverständlichkeit geworden. Es passt kaum in unsere Vorstellungskraft etwas nicht zu bekommen … oder es sich auf illegalem Weg beschaffen zu müssen. Ein kurzer Streifzug über die Marmortische im Café Hawelka bestätigt das sorglose Dasein der Gesellschaft in unserer Zeit. Aber diese Normalität über all die Jahrzehnte hindurch den Gästen auch bieten zu können, war für Josefine und Leopold nicht immer leicht zu handhaben.

Kaffee ohne Zigaretten? Das interessierte die Gäste auch in der Nachkriegszeit nicht.

Josefine wusste nur allzu gut, dass jeder Gast sofort kehrtgemacht und sich den Genuss anderswo geholt hätte. Schleichhandel musste sein – und so erledigte man diese Geschäfte im Kaffeehaus unter den Marmortischen. Leopold Hawelka erinnert sich: „Ich hab die Leute gekannt, aber ich hab immer aufgepasst, dass es nicht aus den Ufern läuft. Sie sind durch das Versatzamt im Dorotheum zu uns gekommen. Es kamen viele Händler zu uns ins Hawelka, die ihre Ware zu besonders günstigen Preisen verkaufen wollten."

Milan, ein schmächtiger Jugoslawe, versorgte in der Nachkriegszeit vorwiegend das Café Hawelka mit den notwendigen Gütern, die zum weiteren Bestehen des Cafés erheblich beigetragen haben. Bohnenkaffee war erst wieder 1946/47 mit Lebensmittelmarken oder auf dem Schwarzmarkt erhältlich. Bis dahin musste mit Feigenkaffee der Firma „Linde", Zichorien- und Malzkaffee Abhilfe geschaffen werden. Obwohl die Gäste die minderwertige Qualität der Filterkaffeesorten vorerst hinnahmen, mussten die Kaffeesieder mit den Mitbewerbern Schritt halten und die nötigen Genussmittel so schnell wie möglich wieder für ihre Gäste zur Verfügung haben.

Milan war ein ganz besonders ausgefuchster Schacherer, der genau wusste, wie, wann und woher er die begehrten Güter beziehen konnte. In erster Linie galt das für die Grundnahrungsmittel wie Kaffee und Zucker, aber genauso wichtig war es, den Gästen Whisky, Cognac und verschiedene Zigarettensorten anbieten zu können. Guter Bohnenkaffee, ein Glas Whisky oder Cognac, dazu Camel, Marlboro, Chesterfield oder Lucky Strike – damit waren die Ansprüche der Besucher mehr als nur gedeckt. Die Nachfrage war sehr groß, die begehrten Güter aber zu dieser Zeit legal nicht erhältlich. Mit Milans erheblichem Einsatz konnten Josefine und Leopold die Gäste für sich gewinnen.

Die Geschäfte liefen für Milan in Wien sehr gut. Selbst das verlockende Angebot, mit seinem Freund Aristoteles Sokrates Homer Onassis nach Monaco zu gehen und gemeinsam mit ihm dort ein Spielcasino zu übernehmen, schlug Milan aus. Onassis war ein kluger Geschäftsmann, der behauptete, er könne hundert Nobelhotels kaufen. Offenbar wusste er sehr genau, wie und wo Geld zu holen war. Während Milan im Café Hawelka an seinem Stammtisch Geschäfte abwickelte, saß Onassis sehr gerne abgeschieden und las in aller Ruhe die Zeitungen. Nach 1948 verließ er Österreich endgültig in Richtung Griechenland.

In den Jahren der Wirtschaftsreform wurde den Herren vom Schwarzmarkt das Handwerk gelegt. Milan kam nach ein paar Monaten wieder aus dem Arrest, aber mit dem

Ob im feschen Dirndl …

Schwarzhandel war es vorbei. Sein Geld war weg und deshalb arbeitete Milan von diesem Zeitpunkt an im Restaurant Cobenzl am Kahlenberg. Mit dem nach ihm benannten „Milantisch" verewigte man den schmächtigen jugoslawischen Schacherer, Geschichtenerzähler, Frauenliebling und leidenschaftlichen Weinliebhaber als unvergesslichen Mittelsmann und Stammgast der Familie Hawelka.

Nicht nur der Schleichhandel war gefährlich – auch das Aufbewahren der illegal bezogenen Waren erforderte absolute Diskretion. Jedermann zitterte vor einer Razzia und fürchtete, dass nicht nur die Zigaretten im Ofen oder die Flaschen in den verborgenen Winkeln gefunden werden, sondern dass auch die lebensnotwendigen Grundnahrungsmittel beschlagnahmt werden könnten. In ganz Wien gab es während dieser Jahre zahlreiche, strenge Razzien – auch das Café Hawelka sollte davon nicht ganz verschont bleiben. Es gab eine einzige verdeckte Kontrolle – doch das Glück war Josefine und Leopold hold. Ein Händler bot Josefine Waren zu äußerst günstigen Preisen an. Doch just an diesem Tag fehlte im Café Hawelka nichts von all dem, was der Geschäftemacher zum Verkauf anpries. Fast energisch versuchte er, Josefine seine Waren aufzuschwatzen. Josefine schickte den aufdringlichen Händler, der in Wahrheit ein Inspektor war, ohne auf seine preiswerten Güter hereinzufallen, wieder weg. Nur ein einziges Mal waren die teuer auf dem Schwarzmarkt erworbenen Zigaretten „verraucht" worden. Mitzi, das Kindermädchen, das üblicherweise im Haushalt und auch im Lokal mithalf, hatte an diesem Sonntag, der allen noch lange in Erinnerung bleiben sollte, im Café sauber gemacht und den Ofen, in dem das kostbare Gut lagerte, angezündet. Josefine hatte ihr zwar am Samstag davor noch eingebläut: „Mitzi, die Zigaretten sind alle im Ofen, pass drauf auf und zünd vor allem den Ofen nicht an!" An jenem Sonntag jedoch reichte ein einziges Streichholz von Mitzi, um das Vermögen buchstäblich in die Luft zu pulvern. Die gesamte Ware war demoliert. Josefine schlug ihre Hände über dem Kopf zusammen: „Mitzi, Mitzi … jetzt samma ruiniert!"

Aber das Café Hawelka ist in den Nachkriegsjahren für seine Gäste zu einer Art Wohnstube geworden. Zuerst waren es vorwiegend die Beamten, die nach der Arbeit ins Café kamen und in der warmen Stube, bei einer Schale Kaffee und entspannter Atmosphäre, ihre Köpfe in die Zeitungen steckten. Auch die Herren Offiziere der russischen Besatzungsmacht saßen sehr gerne im Hawelka. Sie fühlten sich hier wie zuhause und wurden nicht wie Fremde in der Stadt behandelt. Speziell an einen russischen Offizier erinnert sich Leopold Hawelka noch sehr gut.

Damals stand beim Telefontisch ein Piano. Eines Tages setzte sich der Offizier hin und

… oder auf Bootsfahrt – eine gute Figur haben Josefine und Leopold Hawelka in jeder Lebenslage gemacht.

Morgenroutine im Café. Lange schon bevor die ersten Gäste durch die Tür kommen, hat der Arbeitstag von Leopold Hawelka begonnen.

begann zu spielen. Er hatte zweifellos Talent, doch den Gästen schien dieser Ohrenschmaus nicht zu behagen. Dennoch kam er am folgenden Tag wieder und stärkte sich vor seinem Spiel, indem er sein mitgebrachtes Frühstücksbuffet aufbaute und nur heißes Wasser verlangte. „Unseren Kaffee hat er net trunk'n. Wir hatt'n damals nur Ersatzkaffee …", erinnert sich Leopold Hawelka. In seiner morgendlichen Ruhe tauchte der Offizier seinen Teebeutel ins Wasser und frühstückte genussvoll. Anschließend setzte er sich wieder ans Piano und spielte. Doch die Gäste fühlten sich wieder gestört. Herr Leopold ersuchte den Offizier höflich, das Spiel ausklingen zu lassen, doch vergeblich. Am nächsten Tag war er wieder im Lokal – dieselbe Frühstückszeremonie und sein anschließendes Pianospiel. „Gehen S', san S' so liab Herr Hawelka, sag'n'S, der soll endlich aufhör'n mit dem Klavierspielen, soll uns lieber was zum Essen geben." Der Offizier wollte aber nicht verstehen. „So bin ich halt hingegangen, hab die Klappe aufgemacht und Tücher reingstopft." Auch das hinderte den Offizier nicht. Er nahm die Tücher wieder heraus und klimperte weiter. „Dann bin ich hingegangen und hab den A-Ton abgebrochen. Da war er sehr böse und er hat ‚Faschista!' geschrien, aber ansonsten war er sehr charmant und intelligent … und spielen hat er wirklich können – mir hat's gefallen."

Leopold Hawelka (li.) posiert zur Firmung seines Sohnes Günter vor der Kamera.

DER KAFFEE-HAUS-ADEL

Oben: Albert Paris Gütersloh war ein gern und oft gesehener Gast im Hawelka.

Vorherige Seite: „Wo sitzt man nach Mitternacht?", fragte Friedrich Torberg seinen Schriftstellerkollegen Hans Weigel. Und der machte Torberg und viele andere Künstler mit dem Hawelka bekannt.

In den späten vierziger und frühen fünfziger Jahren fanden auch sehr bald Künstler den Weg in die Dorotheergasse 6. Als besonders attraktiv erwies sich das Hawelka für Schriftsteller und Intellektuelle, die sich immer zahlreicher um die Tische scharten. Friedrich Torberg war nach Kriegsende kaum zwei Tage aus dem amerikanischen Exil zurückgekehrt und wollte die Tradition des Literatenkaffeehauses in Wien unverzüglich fortsetzen. „Wo sitzt man nach Mitternacht?", war eine der ersten Fragen, die er seinem Schriftstellerkollegen Hans Weigel stellte. Weigel hatte zu diesem Zeitpunkt das Café Hawelka bereits für sich entdeckt und Kollegen und Freunden davon erzählt. Es war ein Effekt wie vom „Schneeball zur Lawine". Und so wurde Hans Weigels Wohnzimmer in diesen Jahren zu einer Wohngemeinschaft für Literaten und Künstler. Für viele junge begabte Talente, die sich noch keinen Namen gemacht hatten, bot das Café Hawelka eine besonders fesselnde Atmosphäre, denn hier waren sie unter Gleichgesinnten. Unentdeckte Künstler sind zwar mit geistigem Reichtum gesegnet, doch in den seltensten Fällen mit materiellem Gut behaftet. Die einfühlsamen Umgangsformen von Josefine und Leopold, die stets besonders bemüht waren, auf alle Eigenheiten eines jeden auch noch so außergewöhnlichen Gastes einzugehen, lieferten eine ideale Umgebung, um den Sorgen der Zeit zu entfliehen. Mit vollem Engagement für eine bestimmte Sache sammelten sie sich um einen einzigen Tisch, um sich kritisch und kompetent auszutauschen. Große Entscheidungen wurden oft in vertrauter Runde vorbereitet, in die Wege geleitet und perfektioniert. Man könnte beinahe meinen, dass vieles gar nicht erdacht, ausgesprochen oder gar erschaffen worden wäre, wenn es das Café Hawelka nicht gegeben hätte.

Im Jahre 1947 entstand der „Art-Club", eine Wiener Künstlervereinigung, die bis 1959 bestand – und in der sich Musiker und Autoren genauso zusammenfanden wie Maler und Bildhauer, die sich gemeinsam um die Autonomie der modernen Kunst bemühten. Die Art-Club-Künstler versammelten sich regelmäßig im Hawelka, hatten ihre Hauptresidenz aber im Kärntner-Durchgang, in einem Kellerlokal, in dem tagsüber eine Galerie betrieben wurde. Präsident und prominenter Mentor der Gruppe war Albert Paris Gütersloh. Die Ausstellungen der Werke des Art-Clubs fanden meist in der Secession statt. Lange Zeit war das Erscheinungsbild des Art-Clubs von einem friedlichen Nebeneinander geprägt: Surrealistisch und abstrakt schaffende Künstler, Autoren und Musiker fanden hier eine gemeinsame Heimat. In der zum Art-Club parallel laufenden Zeitschrift *Neue Wege*, die um 1950 ebenfalls eine Art von Forum für alle Kunstrichtungen, wie Malerei, Musik, Grafik, Architektur, Literatur und

Kunstvoll und farbenprächtig verstand sich auch Wolfgang Hutter auszudrücken.

Schauspiel darstellte, wurden vor allem die Schriftsteller aktiv. Im Laufe der Zeit spalteten sich einzelne Interessengruppen ab und bildeten richtungsbetonte Vereinigungen.

Kaffee – Kaffeehaus – Atmosphäre … ist eine Mischung, die speziell den Menschen im künstlerisch-kreativen Bereich gute Dienste leistet. Das Café Hawelka erscheint uns beinahe so, als könne nur dieses die geistigen und gesellschaftlichen Bedürfnisse der Menschen befriedigen. Eine Erscheinungsform, bei der wir speziell an Intellektuelle, Literaten und Künstler aus vergangener Zeit denken. Es ist schon sehr lange erwiesen, dass der Kaffee mit seiner prickelnden Wirkung so manchem ein loses Mundwerk verschafft und damit einen erheblichen Beitrag zu den endlos langen Diskussionsrunden in diesen „Wohnzimmern" leistet. Unwillkürlich treffen Menschen, geprägt von gleicher Gesinnung, im Kaffeehaus aufeinander und finden sich regelmaßig im selben Lokal zusammen.

Speziell in den fünfziger und sechziger Jahren wurden im Café Hawelka Problemstellungen in sämtlichen Bereichen intensiv in akademisch-intellektueller Haltung endlos diskutiert; es wurde lautstark debattiert und oft auch heftig gestritten. Währenddessen dirigierte Josefine ihre Kaffeehausinsassen mit souveräner Geste, um

mögliche Ausschreitungen bereits im Vorfeld auszuschließen, und verhängte damals ein Verbot, politische und religiöse Angelegenheiten in ihrem Kaffeehaus zu thematisieren. Als Waffe jedes Einzelnen duldete sie nur die geistige Natur mit der Leidenschaft des Denkens als Munition. Es war eine geistige Elite, die derartige Diskussionen im Kaffeehaus beflügelte, was dieses endlose Debattieren letztlich auch erträglich machte.

Zwar wurde nicht nur im Hawelka seit jeher debattiert und diskutiert, doch aufgrund der Prominenz der Künstler, die sich dort einfanden, kann man durchaus von einer geistigen Elite, vielleicht sogar von einem Adel der Intellektuellen sprechen. Diese ganz besondere Diskussionskultur brachte Heimito von Doderer auf den Punkt: „In einem Literatencafé ist es wichtig, dass sich so manche einander schlecht verstehen. Die uns nicht verstehen, sind unsere besten Lehrer. Sie zwingen uns zu einer Definition unserer Selbst." Damit wurde das Hawelka ein Sammelplatz für Individualisten, eine Insel des Unkonventionellen und eine Ideenbörse ohne Einschränkungen. Es soll auch vorgekommen sein, dass Josefine Hawelka, die große Dramaturgin der Sitzordnung im Café, einige Male einem Gast, der sich Ruhe suchend hinter einer Zeitung verschanzt hatte, den intimsten Feind an den Tisch setzte. Höfliche Begrüßung – eisiges Schweigen – jeder war vorerst mit sich selbst beschäftigt und dennoch musste man froh sein, in diesem kleinsten aller Weltlokale doch noch einen Platz erhascht zu haben.

Auch die Mitglieder der „Wiener Gruppe" waren leidenschaftliche Hawelka-Bewohner. Die Schriftsteller Friedrich Achleitner, Hans Carl Artmann, Konrad Bayer, Gerhard Rühm und Oswald Wiener erprobten gemeinsam progressive, avantgardistische Schreibweisen bei gleichzeitiger Ablehnung konventioneller Literatur. Ihr Bestreben lag darin, an Expressionismus, Surrealismus und Dadaismus anzuknüpfen. Theoretische Impulse gaben die philosophische Sprachkritik Ludwig Wittgensteins und Fritz Mauthners sowie die Philosophie Max Stirners. In Gemeinschaftsarbeit setzte sich die Gruppe mit dem Material „Sprache" auseinander, in Lesungen und Happenings präsentierten sie Textmontagen, konkrete, akustische und visuelle Poesie, Chansons und Sketches. H. C. Artmann hat die moderne Dichtung im Dialekt populär gemacht, was die künstlerische, konsequente und kompromisslose Arbeit der Autoren ausgezeichnet hat, obwohl ihre provokanten, grotesk-makabren Texte oft zu Anfeindung und Isolation geführt haben. Viele Manuskripte sind ungedruckt geblieben und teilweise sogar verloren gegangen. Für die Durchsetzung der Avantgardeliteratur kam der

Oben: Gemälde von Ernst Fuchs aus dem Hawelka, zart beleuchtet.

Linke Seite: Ein Teil der Wiener Gruppe beim Einanderzuhören: Gerhard Rühm, Oswald Wiener und Friedrich Achleitner 1956 im Hawelka, fotografiert von Franz Hubmann.

Rudolf Hausner …

„Wiener Gruppe", von der auch Schriftsteller wie Ernst Jandl und Friederike Mayröcker beeinflusst wurden, große Bedeutung für den gesamten deutschsprachigen Raum zu.

In den fünfziger und sechziger Jahren drängelten sich die Gäste auf den durchgesessenen Plüschbänken vor einer biedermeierlichen, mit geschnitzten Zierleisten eingefassten Blümchentapete aneinander. Andere rückten nach stundenlangem Dasitzen ihre harten Holzstühle zurecht und daneben debattierten in ihrer Eigenart interessante Gestalten über die absolute Malerei. Dabei handelte es sich vorwiegend um die Künstler der „Wiener Schule", die sich ebenfalls in diesen Jahren regelmäßig im Café Hawelka einfanden. Tagsüber und auch in nächtelangen Diskussionen perfektionierten auch sie ihre Werke im gemütlichen Kaffeehausambiente.

Für die „Wiener Schule des Phantastischen Realismus", die sich ab 1948 zu formieren begann, wurde das Hawelka zu einer Art Pilgerstätte. Mit Arik Brauer, Ernst Fuchs, Rudolf Hausner, Wolfgang Hutter und Anton Lehmden, die als Hauptvertreter der Gruppe galten, erlangte sie zwischen 1955 und 1970 große Bedeutung. Lehrer und „Vater" der Gruppe war – wie schon im Art-Club – Albert Paris Gütersloh. Die alt-

… und Anton Lehmden.

meisterlichen Techniken des Phantastischen Realismus sind gegenstandsbezogen und stehen im diametralen Gegensatz zur avantgardistischen Malerei. Die Phantastischen Realisten hatten kein einheitliches Kunstprogramm; trotz der stark individuell ausgeprägten Charaktere, Arbeitsweisen und Themen war aber allen Vertretern Perfektionismus gemeinsam. Mit der ersten gemeinsamen Ausstellung im Wiener Belvedere 1959, der sehr bald weitere Ausstellungen auch im Ausland folgten, schaffte die „Wiener Schule des Phantastischen Realismus" ihren Durchbruch zu internationaler Bedeutung. Eine besondere Breitenwirkung erreichte ihre Kunst über Druckgrafiken in großer Auflage sowie durch zahlreiche Schüler und Nachahmer, die sich vorübergehend der Strömung anschlossen. Der „Phantastische Realismus" ist weder an eine Zeit gebunden, noch hat er eine besondere Ausdrucksform. Wie zu allen –Zeiten suchten die Künstler Zugang zu mythischen Themen und Traumwelten.

Leopold Hawelka selbst verfügt seit jeher über ein sehr ausgeprägtes Gespür für Kunst und hat den jungen Talenten schon Bilder abgekauft, als diese sich als Künstler noch nicht etabliert hatten. Aus Mitgefühl zu ihren jungen begabten Gästen überredete auch Josefine ihren Mann zu einigen Käufen. Kein anderer Kaffeehaus-

Weiter in der Sammlung:
Auch ein Bild von Hubert Aratym
ziert das Café.

betreiber ist in dieser Zeit auf die Idee gekommen, seine aufstrebenden Künstlergäste auf diese Art und Weise zu unterstützen.

Eine beachtliche Kunstsammlung ziert heute die Wände des Café Hawelka. „Ich hab' viel von den jungen Künstlern gekauft, und die haben sich gefreut. Schon in der Schule hab' ich mich fürs Zeichnen interessiert, das war mein liebster Gegenstand. Ich bin auch gerne in Ausstellungen gegangen, das tu' ich heute noch. Und so hab' ich angefangen, moderne Kunst zu sammeln: Arik Brauer, Ernst Fuchs, Albert Paris Gütersloh, Max Ernst – das Bild ‚Die Madonna haut das Jesuskind' –, Christian Ludwig Attersee, Alfred Hrdlicka und Hubert Aratym. Ich habe wirklich eine schöne Sammlung, darüber bin ich froh." Dass sich Leopold hat abhalten lassen, ein Bild von Friedensreich Hundertwasser zu kaufen, als es ihm angeboten wurde, bereut er bis heute.

Neben den heute legendären Schriftstellern der „Wiener Gruppe" und den Phantastischen Realisten zählten in diesen Jahren auch zahlreiche andere bekannte Namen zu den Stammgästen im Café Hawelka. „Wenn ich nicht im Hawelka bin, dann bin ich unterwegs ins Hawelka", sagte der Kunsthistoriker Alfred Schmeller. Diesem

Wer von Künstlern umgeben ist, wird selber einer: Aquarell von Leopold Hawelka aus dem Jahr 1993.

Beispiel folgten Künstler wie z. B. Franz Theodor Csokor, Heimito von Doderer, Friedrich Torberg, Hans Weigel und Elias Canetti, die regelmäßig im Café Hawelka zu Gast waren. Weigel erinnert sich: „Wir waren in den ersten Jahren dort, wenn auch zunehmend geniert dadurch, dass wir quasi in der Auslage saßen und sehr viele Zivilisten ‚Künstler schauen' gingen. Nach und nach kamen Menschen ins Hawelka, welche wünschten, dass man auch sie als Künstler anschaue."

Das Café Hawelka war damit weit mehr als nur ein würdiger Nachfolger des Central und des zugrunde gegangenen Herrenhof geworden. Es besaß bereits sprichwörtliche Bedeutung. „Hier wird man vom Besitzer noch mit Namen angesprochen, das erscheint mancher Nachwuchswelt wichtiger als ein Stipendium", verlautbarte Jörg Mauthe unter seinen Schriftstellerfreunden.

Jedes bedeutende Kaffeehaus in Wien ließ sich bis zu dieser Zeit an seinen Stammgästen messen. Man wusste bis dahin sehr genau, wo die Literaten saßen, wo die Maler und wo die Architekten. Aber im Café Hawelka trafen alle aufeinander – junge Maler, Bildhauer, Architekten, Dichter, Schriftsteller und Schauspieler. Leopold Hawelka hat es gemeinsam mit seiner Frau Josefine geschafft, alle in ihrem Kaffeehaus

Kurioser Blick auf die Welt:
Bild von Franz Ringel.

zu vereinen. Vom schreibenden, lesenden und Theater machenden bis hin zum malenden Künstler fanden sich hier Alt und Jung zusammen. Gemeinsam haben sie das Café Hawelka zur Künstlerdrehscheibe in Wien gemacht. Seitdem gilt es als das Zentrum des geselligen künstlerischen Lebens – freilich im ständigen Mitbewerb zu zahlreichen anderen mehr oder weniger berühmten Cafés. In Wien kann die Kunst ohne Kaffeehaus offensichtlich nicht leben und es gibt kaum einen Namen, der jemals am Kunsthimmel Österreichs gestrahlt hat und nicht sein Stammcafé damit schmückt.
Auch während der sechziger und siebziger Jahre traf sich jeder im Café Hawelka, der sich in der Wiener Künstlerszene einen Namen gemacht hatte – oder noch auf den großen Durchbruch wartete. Schauspieler wie Helmut Qualtinger und Oskar Werner, der Dirigent Nikolaus Harnoncourt, der Sänger Georg Danzer und der Fotograf Franz Hubmann (1914–2007), der über Jahrzehnte hindurch sagenhafte Hawelka-Eindrücke in seinen Bildern verewigte und damit das Kaffeehaus auch für die Nachwelt unsterblich machte.
Der heute längst arrivierte Dichter und Schriftsteller Robert Schindel begann 1960, als 16-jähriger Intellektueller, ins Hawelka zu gehen. Er war gerade dabei, sich Anerkennung zu verschaffen, hatte enormen Respekt vor H. C. Artmann, hätte es aber niemals gewagt, ihm seine Texte vorzulesen, hat ihm aber stets mit Bewunderung

Josefine Hawelka über Kurt Moldovan:
„Kurti Moldovan hat schnell getrunken, schnell gezeichnet, und dann ist er leider auch schnell gestorben."

Oben: Was die Alten lobten, wussten dann auch die Jungen zu schätzen: Oskar Werner kam gern auf ein Achterl vorbei.

Unten: Hans Weigel lässt Paola Löw mitlesen.

Oben: Wolfgang Hutter …

Unten: André Heller und Walter Navratil lassen sich von Josefine Hawelka über die Schulter blicken.

Dirigent Nikolaus und Violinistin
Alice Harnoncourt im Hawelka 1956,
fotografiert von Franz Hubmann.

zugehört. „Elfriede Gerstl, die Schriftstellerin, hat mich immer ernst genommen. Die war immer freundlich zu mir", erzählt Schindel. Genau so funktioniert ein Künstlercafé. Der Austausch unter Gleichrangigen, aber auch zwischen „Großen" und „Kleinen" macht die Qualität und die Exklusivität eines solchen Ortes aus.

André Heller war ebenfalls bereits 1960, mit knapp 14 Jahren, zum ersten Mal Gast im Hawelka. Er fabulierte und flunkerte, was das Zeug hielt. „Als ich zum ersten Mal das Café Hawelka betreten habe, behauptete ich ein Dichter zu sein – alle haben mir geglaubt!" Er scheint es in seiner jugendlichen Wahrnehmung genossen zu haben, als das zu gelten, was man vorgibt zu sein. „Beim gütigen Herrn Ober gilt man allerdings als das, was man beinahe geworden wäre. Ihm sind Schein und Sein eins – er kann sich seine Gäste als Bewohner der wirklichen, undunstigen Welt ebenso wenig vorstellen, wie jene sich ihn ohne Smoking und Mascherl vorstellen können."

Georg Danzer bezeichnete das Café als seine unsterbliche Heimat. „Ungefähr 16-jährig betrat ich erstmalig das Café Hawelka. Ich atmete tief ein, und es wurde ein sehr langer Atemzug … ich habe mich verändert, bin älter geworden, aber das Hawelka bleibt, was es war – eine Heimat. Es befindet sich bereits im Zustand der Unsterblichkeit." 1975 hat Georg Danzer sein „Jö schau" veröffentlicht, in dem er sein Stammcafé fantasievoll besingt.

Georg Danzer · „Jö schau"

neilich sitz' i umma hoiba zwa im hawelka
bei a poa wuchtel'n und bei an bier
auf amoi gibt's bein eingang vuan an mord's trara
weu a nackerter kommt eine bei der tür'
da oide hawelka sagt: „suach ma an platz"
owa sie macht an patz'n bahö
weu sie mant, dass so was da net geht
und er soll sie schleich'n aber schnö
jö schau, so a sau, jössas na
was macht a nackerter im hawelka
geh wui, oiso pfui, meiner söh
hörst i schenierat mi an seiner stöh
einer ruaft: „a wahnsinn,
gebt's eam was zum anziehn!"
doch sein freindin mant: „geh fesch,
endlich aner ohne wäsch'"
jö schau, so a sau, jössas na
was macht a nackerter im hawelka
der ober fritz sagt: „wir sind hier ein Stadtcafé
und was sie da mach'n is a schweinerei"
ein alter schauspieler wiederum meint:
„aber geh, also i find' da gar nix dabei"
drauf sagt der nackerte: „moment, moment
sie wissen wohl nicht, wer i bin,
a wann mi kaner kennt, i bin sehr prominent
als elegantester Flitzer von wien"
jö schau, so a sau, jössas na
was macht a nackerter im hawelka
geh wui, oiso pfui, andrerseits
a so a nackerter, hat a sein' reiz
mach ma halt a ausnahm'
san wir heut' ned grausam
weu ein bohemienlokal
pfeift auf spießbürgermoral
jö schau, so a sau, jössas na
was macht a nackerter im hawelka
jö schau, so a sau …

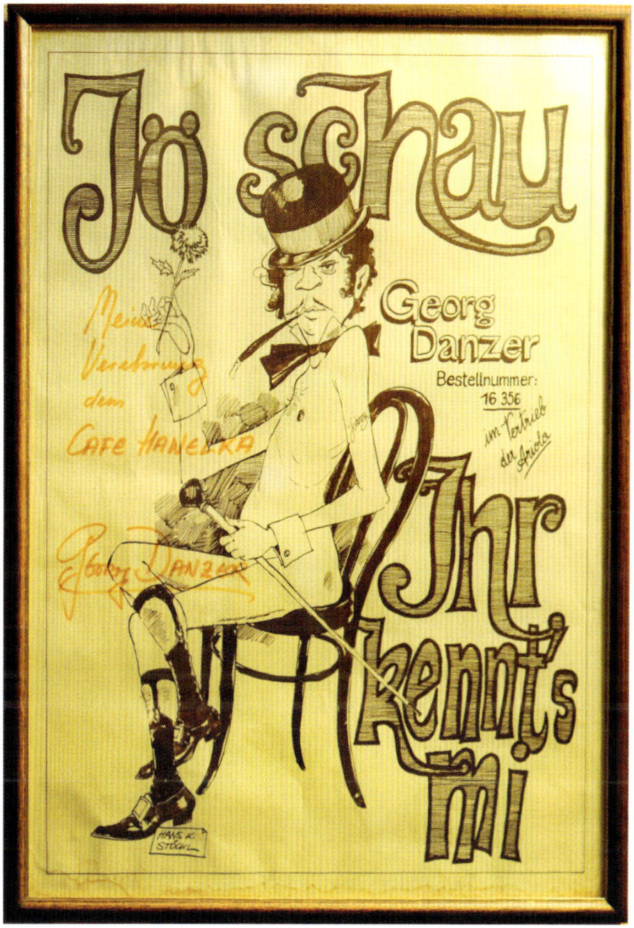

„Was macht a Nackerter im Hawelka?" Diese Frage beschäftigte ab 1975 nicht nur Georg Danzer.

straps & ban
Textilien der Sammlung Foitl
19. November 2008 – 2. März 2009
museum für völkerkunde
ÖSTERREICHISCHE GALERIE BELVEDERE
www.MAK.at
di:'angewandte
WEGE DER MODERN
Stars der Melange
Tradition hat einen guten Geschmack.
AKBAR AKBARPOUR
Malerei
schein werfen
theater – licht – technik
23. 10. 2008 bis 12. 4. 2009
österreichisches theater museum
Raum im Bild
Interieurmalerei 1500 bis 1900
31. März bis 12. Juli 2009
kunst historisches museum
AUF GOLDENEM GRUND.
ITALIENISCHE MALEREI ZWISCHEN GOTISCHER TRADITION UND DEM AUFBRUCH ZUR RENAISSANCE
LIECHTENSTEIN MUSEUM
im Architekturzentrum Wien
SPIELPLANVORSCHAU
Jänner bis April 2009

Eine Idee von Leopold Hawelka: die berühmte Plakatwand.

Leopold erinnert sich, das Lied zum ersten Mal im Taxi auf seiner Heimreise aus Italien gehört zu haben. „Jetzt ist alles aus, des Hawelka und a Nackerta – des geht net!", dachte er in der ersten Schrecksekunde. Dennoch hat das Lied das Café Hawelka in die Welt getragen. „Das Café Hawelka war mir eigentlich Schule und Universität. Ich habe dort nur durch Zuhören mehr gelernt als im Unterricht am Gymnasium. Es wurde viel über die Malerei gesprochen, über die Expressionisten, über Vincent van Gogh, über den Kubismus und über diese und jene Künstlergemeinschaften. Ich verdanke dem Hawelka ein Lebensgefühl, das unendlich anhält."

Sie alle waren hier zuhause und sogar hier erreichbar – in der damals wohl am häufigsten frequentierten Telefonzelle von ganz Wien. Sie war fast immer besetzt, falls einmal nicht, so läutete es fortwährend. Eine solche Telefonzelle durfte in keinem traditionellen Wiener Kaffeehaus fehlen. Stammgäste, die sich auch gerne als „Kaffeehausbewohner" bezeichneten, ließen sich sogar ihre Post ins Kaffeehaus schicken und gingen nur noch zum Schlafen nach Hause. Abzuheben, Nachrichten zu notieren und diese verlässlich weiterzuleiten gehörten für Josefine und Leopold Hawelka mitsamt ihren Herren Ober zum selbstverständlichen Service des Hauses. Neben der Telefonzelle hängen im Hawelka Plakate fast aller aktuellen Vernissagen, Konzerte, Theateraufführungen, wie man sie heute in fast jedem beliebigen Lokal finden kann. Was man aus den Zeitungen nicht erfährt, zeigt die Plakatwand. Diese innovative Idee, die die Gäste über diverse Veranstaltungen, wie Dichterlesungen, Vernissagen und Avantgardekonzerte, informiert und den Künstlern eine Chance gibt, ihr Schaffen publik zu machen, ist Leopold Hawelka zu verdanken. Er kam 1960 als Erster aller Wiener Gastronomiebetreiber auf die Idee, eine Wand in seinem Kaffeehaus mit bedruckten und damals noch zum Teil handbemalten Plakaten zu gestalten, um damit seinen Gästen und Künstlern einen kreativen Veranstaltungskalender zu bieten. Diese Design-Innovation hat sich sehr bald in ganz Wien durchgesetzt.

Die Espressorevolution

Die Wiener Kaffeehauswelt ist seit dem Zweiten Weltkrieg etwas kleiner geworden. Viele k. & k. Kaffeehäuser haben sich in den Jahren danach in zeitgemäße Cafés verwandelt und verloren gänzlich den vornehmen Glanz der einstmaligen Monarchie. In den 1950er-Jahren wurde das Bemühen der Wiener Kaffeesieder, ihren Gästen endlich wieder ein gehöriges Maß an Lebensgefühl zu vermitteln, zudem durch die „Espressorevolution“ erheblich erschwert.

Schuld an dieser „Revolution“ trägt ein Neapolitaner, der sich bereits im 19. Jahrhundert über die Langsamkeit der Kaffeezubereitung so sehr ärgerte, dass er zusammen mit dem Ingenieur Luigi Bezzera die Espressomaschine entwickelte. Der Prototyp dieser Maschine wurde bereits 1855 in Paris vorgestellt. Die erste Serienproduktion von Bezzeras sensationeller Erfindung fand allerdings erst 1901 den Weg in die Läden Italiens, und schon sehr bald erhielten die Wiener Kaffeesieder neben den Café-Konditoreien und Café-Restaurants mit den italienischen Espressobars weitere Mitbewerber. Im Unterschied zum Filterkaffee wurde in diesen neuen Lokalen sehr starker, gepresster Kaffee aus der Maschine in Mokkatassen angeboten. Diese Cafés waren klein und zumeist mit Stehtischen ausgestattet – galten aber durchaus als schick. Daraufhin mussten viele traditionelle Kaffeehäuser in Wien schließen. Die Espressobars nach italienischer Art schienen in dieser Zeit viel besser zum neuen, schnelleren Leben zu passen. Tatsächlich bot ein solches italienisches Espresso einen mit Licht überfluteten, in Chrom glänzenden Lokaltyp, ohne Zeitungen, ohne individuellen Service, kurzum: einen Ort zur kurzen Verweildauer gedacht. Man durcheilte diese Lokale, als wolle man einen Rekord im Kaffee-Schnelltrinken aufstellen. Zeithaben im wienerischen Sinne fand in den Espressobars keinen Platz – die äußere Welt der Schnelllebigkeit hatte den Wiener für kurze Zeit erfasst. Den Charme, den Service und die Atmosphäre des Wiener Kaffeehauses konnten diese nüchternen Lokale auf die Dauer jedoch nicht ersetzen. Still und heimlich zogen Tradition und Kultur wieder in das Wiener Kaffeehausleben ein und die Gäste saßen wieder unter einer zeigerlosen Uhr. Mehr denn je zuvor schätzte der Wiener die menschliche Atmosphäre anstelle der Espresso-Sterilität. Hans Weigel formulierte es sehr treffend: „Im Kaffeehaus ist das Haus tausendmal wichtiger als der Kaffee. Es ist nicht der Inhalt, sondern die Form. Der Kaffee ist der Vorwand, ein Kaffeehaus aufzusuchen. Er ist der Katalysator. Er ist *nur* die Eintrittskarte.“

In diesem Zeitalter des Kaffeehaussterbens hat es Leopold Hawelka gemeinsam mit seiner Frau geschafft, ein wertvolles Stück wienerischer Kultur am Leben zu erhalten, indem die beiden ihrer Tradition stets treu geblieben sind. Leopolds einziges Zugeständnis an die Moderne war eine Espressomaschine, die er in den späten 1950er-Jahren installierte. „Als ich die Espressomaschine aufgestellt hab, haben wir die Wand wegreißen müssen, das war am Vormittag, und um sechzehn Uhr hab ich schon wieder aufgesperrt."

In den 1970er-Jahren kamen Plüsch und Plausch in die Kaffeehäuser zurück und es wurde im alten Stil restauriert. Die größere Mobilität der Gäste und die zunehmende Verbreitung des Fernsehens stürzten aber auch in dieser Zeit das Wiener Kaffeehaus erneut in eine Krise. Leopold Hawelka betrachtete den Fernseher als den größten Feind des Kaffeehauses: „Früher war das Kaffeehaus der Platz zum Informationsaustausch – heute liefert das Fernsehen Literatur, Sport, Politik und Kultur nach Hause ins Wohnzimmer. Mit der neuen Technologie geht jede Kaffeehauskultur verloren." Plötzlich schien das Kaffeehaus als Umschlagplatz für Informationen überflüssig zu sein. Auch die Änderung der Gewerbeordnung im Jahr 1978 brachte strenge, kostenintensive Auflagen mit sich, die vielen Kaffeehausbesitzern zu schaffen machten. Wieder kam es zu zahlreichen Schließungen. Doch die Gäste hielten ihrem Hawelka die Treue, sagt Leopold Hawelka. „Die Leute früher wollten ihre Ruhe haben. Heute suchen sie bei mir eher Kommunikation. Die Künstler spüren aber, dass hier etwas erhalten geblieben ist. Mir waren immer alle Gäste gleich lieb, aber eine gewisse Distanz musste trotzdem gewahrt werden. In Wahrheit ist das Kaffeehaussterben ein großer Selbstbetrug. Die Besitzer sind bequem geworden und selbstgefällig."

In den 1980er-Jahren ging es dann mit jenen Betrieben wieder aufwärts, die in den zurückliegenden schwierigen Jahren durchgehalten hatten. Café-Restaurants, Café-Konditoreien und das „Italienische Kaffeehaus" mit den Stichworten „Espresso" oder „Latte macchiato" nahmen schließlich die Freundschaft der Wiener Kaffeesieder an und beugten sich – soweit ihnen dies möglich war – den Gepflogenheiten der Wiener. Hinzu kamen noch „Coffee Shops", die mit ihrem Slogan „Coffee to go" niemals eine wirkliche Konkurrenz für das Wiener Kaffeehaus dargestellt haben. Als 1983 in Wien das 300-jährige Bestehen des Kaffeehauses gefeiert wurde, setzte erneut eine Besinnung auf die Tradition ein. Heute ist das Wiener Kaffeehaus längst ein bedeutender Kulturträger der Stadt Wien. Das beweist nicht zuletzt der seit 1957 alljährlich in der Hofburg stattfindende Kaffeesiederball. Anlässlich dieser ehrwürdigen

Leopold und Josefine Hawelka,
ein wenig anders gesehen.

Die Kollegen gratulieren:
Leopold Hawelka stand im Mittelpunkt
eines der großen Kaffeesiederbälle.

Festlichkeit verwandeln sich die Hofburg und die Redoutensäle für eine Nacht in das größte Kaffeehaus der Stadt.

Unnachahmbare Kaffeehauskultur

Nichts ist charakteristischer für das gesellschaftliche Leben in Wien als das Kaffeehaus. Es ist eine spezielle Einrichtung, die sich aus zahlreichen Gegebenheiten und Sitten zusammensetzt, die man in einem derartigen Rahmen im Vorfeld absolut nicht planen kann. Natürlich gilt der Herr Ober im Smoking mit Mascherl als ebenso unentbehrlich für dieses kulturelle Erleben wie Marmortische, Thonetsessel, Zeitungen und Zigaretten. Doch das Hauptmerkmal sind die Menschen, die sich in diesen Räumlichkeiten bewegen. Die Gäste, die in einem Wiener Kaffeehaus sitzen, tragen mit ihrem Besuch einen erheblichen Teil zu dieser einzigartigen Institution bei. In einem „echten" Wiener Kaffeehaus Stammgast zu sein gleicht einer Abhängigkeit, von der man nicht mehr lassen kann. Das Alleinsein, ohne sich dabei allein zu fühlen, ist ja bekanntlich des Wieners liebste Form von Geselligkeit. Will er sich unterhalten, dann macht er das … wird es ihm zu viel, so wendet er sich ab und steckt seine Nase einfach in eine Zeitung … niemand ist beleidigt oder fühlt sich ignoriert – jeder erlebt das Wiener Kaffeehaus ganz nach seinen augenblicklichen, persönlichen Bedürfnissen.

Würde man ein Wiener Kaffeehaus in eine andere Stadt oder gar in ein anderes Land verpflanzen, so würde sofort das tragende Fundament einer solchen Institution zu bröckeln beginnen. Es fehlt der Gast, der in seiner Vielfalt und Eigenart nur in Wien existieren kann. In seinem Zusammenspiel mit dem Herrn Ober schafft er in unvergleichbarer Art und Weise ein Ausmaß an Harmonie, wie es nur in Wien im Kaffeehaus funktioniert. Vielleicht ist es des Wieners Mentalität oder seine natürliche Begabung, ein perfekter Kaffeehausgast zu sein, die ihn zum unentbehrlichen Element dieser speziellen Institution macht. Seine Leidenschaften, Talente und Vorlieben passen ideal in diese Welt.

Das Wiener Kaffeehaus versetzt die Menschen in eine ganz besondere Gemütsverfassung – in ein Empfinden der Leichtigkeit und in eine Stimmung der Zuversicht. Es ist ein Ort, der für jeden Kaffeehausgast mit einer Oase in der Wüste vergleichbar ist – hier darf jeder einfach nur Mensch sein, ohne beruflichen oder gesellschaftlichen Druck. Das Wiener Kaffeehaus verträgt absolut keine Norm. Es präsentiert sich lediglich in einer der Kultur und Tradition entsprechend angepassten Grundform mit konsequenten Richtlinien – ist aber nach Art der Gäste immer wieder individuell wandelbar.

„Ich kam zufällig ins Hawelka und glaubte, ich hätte endlich entdeckt, was ich am meisten suche. Aber bald kam ich drauf, dass die anderen es auch schon entdeckt hatten. Es ist trotzdem sehr schön und nichts wird mir in London so abgehen wie das Café Hawelka", wusste der Nobelpreisträger Elias Canetti zu berichten.

Wie viele andere Spezialitäten Wiens wird auch das „Wiener Kaffeehaus" gerne in anderen Ländern nachgeahmt. Doch Nachahmungen sind stets nur unvollkommen. Ein Wiener Ober mit Smoking und Mascherl, der Kleine Braune oder Melangen auf Silbertabletts mit Wassergläsern serviert – passt nur ins Wiener Ambiente.

Obwohl „Deutsche Reiseführer" nun auch die „Deutsche Kaffeehauskultur" anpreisen, so wird man in Deutschland die Qualität der Originale aus Wien kaum je erreichen. Auch wenn nach und nach „Wiener Kaffeehäuser" eröffnet werden, so gilt

Oben: Andy Warhol ließ es sich 1981 nicht nehmen, eine Verschnaufpause im Hawelka einzulegen.

Rechte Seite: Stimmungsbilder aus der Dorotheergasse. Wer einmal das Café betreten hat, fühlt sich wie aus der Zeit herausgefallen.

der klassische Filterkaffee nach wie vor als Basisgetränk der deutschen Kaffeelandschaft. Selbst die Übernahme von echten Wiener Fachausdrücken, wie „Kapuziner" oder „Einspänner", und geschultem Wiener Personal in detailgetreu wienerisch eingerichteten Kaffeehäusern, macht es nicht möglich, diese ansehnlichen Lokale in echt „Wienerische" umzuwandeln.
Und doch ist der Kaffee international geworden. „Café crème" ist das typische „Schweizer Kaffee-Nationalgetränk" und wird in der Landessprache auch als „Schümli" oder „Café Suisse" bezeichnet.
„Galestro" (*die Idee*) steht für die Kaffeekunst aus dem Heimatland des Cappuccinos und präsentiert sich am italienischen Markt als authentisch-italienische Kaffeehauskultur. Die Produktqualität wird gewährleistet durch eine eigene sorgfältig verkostete Röstung, die dem Aroma ein angenehmes südländisches Flair verschafft. Mit dieser Philosophie setzt sich Galestro wohltuend von der inzwischen überwiegend auf Fastfood-Niveau agierenden Konkurrenz ab und besetzt offensichtlich eine Nische, die bei den Gästen Aufmerksamkeit erregt. In Italien hat der Espresso eine Weiterentwicklung zum „Latte macchiato" gefunden, der mitunter in einem Glas in einer auffälligen Dreischichtenform serviert wird. Als Grundlage für den bekanntesten italienischen Kaffee – dem Cappuccino – dient ebenfalls der Espresso, der in einer eigens dafür kreierten „Cappuccinotasse" gebrüht wird. Gerne wird unser Wiener Kapuziner mit dem italienischen Cappuccino verglichen.
In Frankreich war man schon sehr früh um ein vornehmes Ambiente und die noble Gesellschaft im Café bemüht, aber man entwickelte auch ganz besondere Geschmacksrichtungen. Hier werden in prunkvollen Räumlichkeiten „Café au Lait" (mit einem stärkeren Cappuccino vergleichbar), „Café Brûlot" (Weinbrand oder Cognac, mit Zucker flambiert und mit Kaffee aufgegossen), „Café nature" (Kaffee ohne Milch) und „Canard" (Kaffee mit einem mit Traubenschnapsmark beträufelten Zuckerwürfel) serviert.
„Coffee to go" wiederum führt uns in den Westen. Kaffeehausketten stehen hier im Mittelpunkt – grün beschürzt und keine Zeit für ein freundliches, charmantes „Gnä' Frau" oder „Madame" gehört zusammen mit dem Kaffee aus dem Pappbecher eher ins amerikanische als ins österreichische Straßenbild. „Muffige Cafeterias in New York, lärmende und hektische Espressos in Italien … endlich ein richtiges Kaffeehaus in Wien" (ein Schriftsteller auf Reisen).
„Ein Kaffeehaus muss gemütlich sein, sonst kommt keiner!" Dieser Leitspruch, der bis

Über die Jahrzehnte mussten hie und da kleine Verbesserungen an den Möbeln, Wänden, Bänken und Fenstern vorgenommen werden …

… doch eines ist gleich geblieben: Die Gäste fühlen sich hier wohler als anderswo. Und modernisiert wurde im Hawelka zum Glück nie.

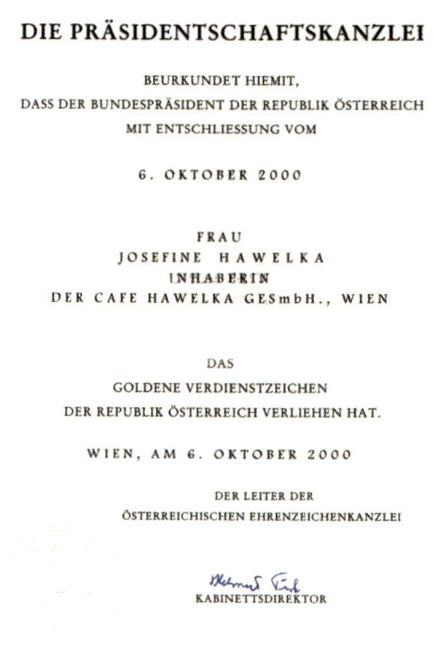
DIE PRÄSIDENTSCHAFTSKANZLEI

BEURKUNDET HIEMIT,
DASS DER BUNDESPRÄSIDENT DER REPUBLIK ÖSTERREICH
MIT ENTSCHLIESSUNG VOM

6. OKTOBER 2000

FRAU
JOSEFINE HAWELKA
INHABERIN
DER CAFE HAWELKA GESmbH., WIEN

DAS
GOLDENE VERDIENSTZEICHEN
DER REPUBLIK ÖSTERREICH VERLIEHEN HAT.

WIEN, AM 6. OKTOBER 2000

DER LEITER DER
ÖSTERREICHISCHEN EHRENZEICHENKANZLEI

KABINETTSDIREKTOR

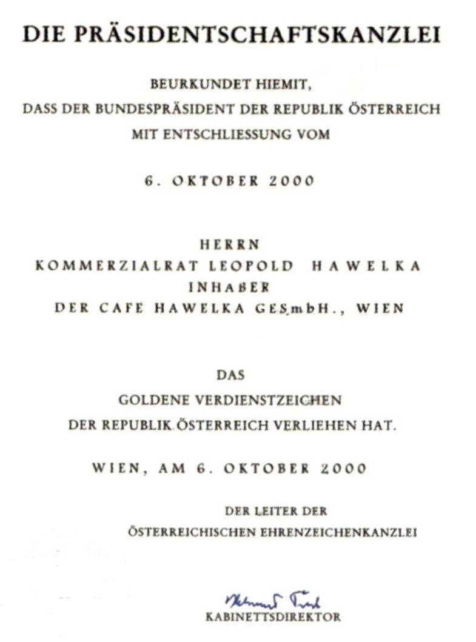
DIE PRÄSIDENTSCHAFTSKANZLEI

BEURKUNDET HIEMIT,
DASS DER BUNDESPRÄSIDENT DER REPUBLIK ÖSTERREICH
MIT ENTSCHLIESSUNG VOM

6. OKTOBER 2000

HERRN
KOMMERZIALRAT LEOPOLD HAWELKA
INHABER
DER CAFE HAWELKA GESmbH., WIEN

DAS
GOLDENE VERDIENSTZEICHEN
DER REPUBLIK ÖSTERREICH VERLIEHEN HAT.

WIEN, AM 6. OKTOBER 2000

DER LEITER DER
ÖSTERREICHISCHEN EHRENZEICHENKANZLEI

KABINETTSDIREKTOR

Linke Seite: Noch im hohen Alter ist Leopold Hawelka im Dienst. Seine Gäste wissen diesen Einsatz zu schätzen.

Links: Ehrungen gab es nicht nur von Künstlern, sondern auch von der Politik: Das Goldene Verdienstzeichen der Republik Österreich, verliehen am 6. Oktober 2000 an Josefine und Leopold Hawelka.

heute nichts an Gültigkeit verloren hat, prägt vom ersten Tag an die Kaffeehausphilosophie der Familie Hawelka.

Zugegeben, es fällt den Besuchern aus dem Ausland nicht leicht, sich länger als unbedingt nötig auf den Thonetstühlen und Plüschbänken zu halten. Haben sie aber erst einmal den wunderbaren Duft der „Wiener Kaffeevariationen“ erschnuppert, können sie nicht widerstehen und beginnen zu begreifen, was „Kaffeetrinken“ in Wien bedeutet. Josefine und Leopold Hawelka haben ihr Kaffeehaus zu einem Zuhause für Einheimische und zu einem multikulturellen Anziehungspunkt für Wien-Besucher gemacht.

Der unermüdliche Einsatz von Josefine und Leopold Hawelka ist im Laufe der Jahre nicht nur durch Loyalität und Treue der Gäste, sondern auch durch Auszeichnungen für ihr exzellentes Service belohnt worden. Am 9. September 1980 erhalten Josefine und Leopold Hawelka das „Goldene Verdienstzeichen“ der Stadt Wien. An Leopolds 80. Geburtstag (1991) verleiht ihm der damalige Bundespräsident Kurt Waldheim den Titel „Kommerzialrat“, und im März 2000 wird seiner Frau und ihm der Tourismuspreis übergeben. „Meine Frau war immer der Motor für alles. Wenn meine Frau nicht wäre, wär auch kein Café Hawelka.“

JOSEFINE UND LEOPOLD

RÜCKBLICK

MUSEEN. 100 GEMÆLDE.
GRŒSSTE RUBENS-SCHAU DER WELT.
DEZEMBER 2004 – 27. FEBRUAR 2005
KHM
KUNSTHISTORISCHES MUSEUM
GEMÄLDEGALERIE DER AKADEMIE
DER BILDENDEN KÜNSTE WIEN
rubensinwien.at

Vorhergehende Seite:
Jahrzehnte im Dienst der Wiener Kaffeekultur: Josefine und Leopold Hawelka.

Vergeht die Zeit im Verlauf eines Menschenlebens immer schneller, weil die Summe der Eindrücke immer größer wird? Josefine Hawelka

In all den Jahrzehnten, während sie ihr Café führten, prägten eine Menge unterschiedlicher Eindrücke Josefines und Leopolds Kaffeehausleben. Ob es nun die Gäste waren oder die Herren Ober – ihre Laufbahn birgt unzählige Geschichten in sich, die niemals in Vergessenheit geraten werden. Das kleine Kaffeehaus von Josefine und Leopold Hawelka ist von seinen Künstlerstammgästen immer wieder neu und liebevoll beschrieben worden: vom „Buchtelolymp" bis zur „Botanisiertrommel".
Alles, was sich im Café Hawelka zusammengefunden hat, macht es zu einem perfekten Ort der Faszination. Hier treffen die unterschiedlichsten Kaffeehausgäste aufeinander. Es ist ein Hawelka der Zeitungsleser – ein Hawelka der Dichter und der Maler und jener, die eines von beidem werden wollen – ein Hawelka der Schauspieler – ein Hawelka der Studenten – ein Hawelka der Prominenten – ein Hawelka der Adabeis – und ein Hawelka der Bardamen aus längst geschlossenen Nachtlokalen, die endlich ein gemütliches Kaffeehaus aufsuchen und dort nicht nur noch schnell einen Mokka trinken, sondern den Abend in angenehmer Atmosphäre ausklingen lassen wollen. Jeder Einzelne hat seine eigene Geschichte zu diesem unfassbaren Ort, der einem einzigartigen Wesen gleicht. Die Besucher sind die Seele dieses Phänomens – jeder für sich selbst und doch zusammen mit all den anderen. Viele dieser kreativen Geister sind schon lange bevor sie sich als namhafte Künstler etablieren konnten zu Josefine und Leopold ins Kaffeehaus gekommen. Die jungen Talente fühlten sich hier stets gut aufgehoben und fanden in ihren oft nicht sehr rosigen Anfangszeiten von beiden einfühlsamen Zuspruch.
Am Anfang mussten Josefine und Leopold gegenüber ihren Künstlergästen oft eine gewisse „Strenge" walten lassen. Es fiel den beiden nicht immer leicht. Leopold hat sich oft aufregen müssen, um sie zu guten Kaffeehausgästen erziehen zu können. „Mit Künstlern muss man umgehen lernen. Die sind wirklich heikel zu behandeln, aber sie haben sich bei uns trotzdem wohl gefühlt. In einem Kaffeehaus wie dem unseren darf man halt nicht zimperlich sein. Wir durften einmalige Jugend erleben."
Besonders stolz ist das Ehepaar Hawelka auf das Niveau seiner Gäste. Die beiden haben sich die Menschen immer genau angesehen und sie hingesetzt, wo sie hingepasst haben. Josefine hat stets mit strengen Augen über das Benehmen ihrer Gäste

gewacht. „Man muss darauf achten, dass nur die richtigen Leute hereinkommen, nur deshalb sind wir Tag und Nacht mit tadellosen Leuten voll besetzt."
Gerne erinnern sich die beiden an einzelne Gäste aus vergangenen Zeiten und wissen genau über deren Gewohnheiten Bescheid. Mit einem Lächeln blickt Leopold Hawelka zu den Tischen, deren individuelle Bezeichnungen teilweise an besondere Gäste erinnern und dem Lokal damit eine ganz persönliche Note verleihen. Er sieht seine „Kaffeehausbewohner" noch vor sich, wie sie an ihren Lieblingsplätzen gesessen haben und ihren persönlichen Bedürfnissen nachgegangen sind. Jeder dieser tadellosen Menschen hat im Café Hawelka sein Lieblingsplatzerl gefunden.

Links im Bild die „Kleine Ecke", bei Schulwänzern und Studenten gleichermaßen beliebt.

Die Namen der Hawelka-Kaffeehaustische

Fenster eins – Fenster zwei – Fenster drei – Fenster vier – Ofen – Eins Mitte – Zwei Mitte – Drei Mitte – Zeitungstisch – Uhr – Zwei links – Jauker – Telefon – Kleiderständer – Radio – Milantisch – Kleine Ecke – Große Ecke – Spiegel – Schachtisch – Vis à vis – Bartisch – Kammerltürl – Nullertisch – Pfeiler rechts – Pfeiler links – Haustisch – Einstelltisch (für größere Gesellschaften)

Am „Milantisch" saß – wie könnte es auch anders sein – der unvergessliche „Milan" – die prägende Figur der Hawelka-Kaffeehausgeschichte in den Jahren nach dem Krieg. An diesem speziellen Platz war immer eine sehr bunt gemischte Klientel zwischen „Sein" und „Schein" anzutreffen. Es ist der Logenplatz auf dieser Bühne der Selbstdarstellung. Auch Udo Proksch, der Gründer des Club 45 und Drahtzieher im „Fall Lucona", bevorzugte es, bei seinen regelmäßigen Kaffeehausbesuchen in der Loge Platz zu nehmen. Herr Leopold Hawelka sitzt heute noch täglich am Milantisch und begrüßt mit seinen 98 Jahren mit Freude seine Gäste. Es ist eine besondere Ehre, als Stammgast in der „Hawelka-Loge" Platz nehmen zu dürfen.
In den fünfziger Jahren war es durchaus üblich, seine mitgebrachte Jause im Kaffeehaus auszupacken, ein Getränk zu bestellen und das Kaffeehaus auf diese Art und Weise zu genießen. Das Ehepaar Jauker, ein sehr nettes altes Ehepaar, das täglich einen „Kleinen Braunen" zu seinem mitgebrachten Jausenbrot bestellte, bleibt in dieser Hinsicht im Café Hawelka unvergessen und seit jener Zeit gibt es hier den „Jaukertisch".
Nach dem Zweiten Weltkrieg haben zahlreiche österreichische Adelshäuser ihre Palais zurückerhalten. Mitglieder der Familien Auersperg, Eschenbach, Nowak, Coburg, Liechtenstein, Ferstl, Schwarzenberg, Schönburg und Pallavicini suchten über Jahrzehnte hindurch das traditionsbewusst geführte Café Hawelka ebenso gerne auf wie Angehörige der Häuser Habsburg, Hohenlohe, Kinsky, Schönborn, Esterházy, Laudon und Piatti. Josefines und Leopolds heimeliges Kaffeehaus vermittelte speziell Gästen aus Adelskreisen ein Lebensgefühl, das zum Teil noch mit der Etikette der einstmaligen k. & k. Monarchie vergleichbar ist. Auch der ungarische Baron Érisch wurde nach dem Krieg Stammgast im Hawelka.
Stammgäste wollen in ihrem Kaffeehaus keine Veränderungen, die in ihr persönliches Empfinden eingreifen. Sie wollen es so erleben, wie es ist, denn genau deshalb haben sie es zu ihrem Stammcafé gemacht. Hans Weigel und Hans Friedrich Kühnelt waren

Oben: Ein Gast hat am Tisch „Vis à vis" Platz genommen.

Linke Seite von links oben nach rechts unten: Die Tische „Große Ecke", „Nullertisch", „Schachtisch" und der „Zeitungstisch".

Oben von links nach rechts: Weiter geht es mit den Tischen „Unter der Uhr", dem „Nullertisch" und dem „Bartisch".

zuvor Stammgäste im Café Raimund in der Museumstraße. „Als das Raimund renoviert hat, hab ich gewusst, jetzt kommen's ins Hawelka." Hans Weigel wohnte damals (1949) in der Dorotheergasse 6. Für ihn war das Hawelka nicht nur ein „Nachbar", sondern auch ein zweites Zuhause. Vor dem „Professor Weigel" hatte Leopold Hawelka immer besonderen Respekt. „Er ist zu mir ins Café gekommen, hat sich einen Platz ausgesucht und das war dann seiner. Einmal hab' ich ihn angesprochen und ihn zu mir herübergebeten … also das hab' ich wirklich nur einmal gemacht. Er fühlte sich dadurch ziemlich gestört. Er wollte nichts anderes, als dass er seine Zeitung an seinen Platz kriegt und seine Ruhe hat." Schon bald fand sich Hans Weigel mit den Schriftstellerkollegen Jörg Mauthe und Herbert Eisenreich an einem Tisch im Café Hawelka zusammen. An dieser „Oase des Blödelns" wurde die Figur des Franz Xaver Greindl aus der Taufe gehoben, jene legendäre Mystifikation eines Universalgenies, das vieles erfunden habt, aber in seinem kurzen Leben unbekannt geblieben sein soll.

Während H. C. Artmann mit anderen Literaten im Café Hawelka heftig diskutierte, fand sich daneben oft die Garde des österreichischen Heimatfilms in geselliger Runde zusammen. Attila Hörbiger, Paul Hörbiger, Hans Moser, Rudolf Karl, Oskar

Sima, Heinz Conrads, Maria Schell und Maximilian Schell sorgten am „Schachtisch“ regelmäßig für eine äußerst fröhliche Stimmung im Lokal.
Gut möglich, dass sich H. C. Artmann in seinem Schaffen dann und wann gestört fühlte und stänkerte, weil er glaubte, er könne das Café für sich alleine haben. Er hatte das Hawelka, gleich nach Hans Weigel, bereits zu Beginn der fünfziger Jahre entdeckt und sich dort von Anfang an heimisch gefühlt. Nicht zuletzt deshalb kann man den Satz „Was wäre das Hawelka ohne Artmann?“ bedenkenlos umkehren: „Was wäre der Artmann ohne Hawelka?“ Der Dichter kam vom Café Hawelka nicht los. Er schrieb im Dezember 1963 sogar ein Theaterstück in Malmö, für das ihm sein geliebtes Hawelka die Kulisse lieferte. „Hier im Hawelka begrüßt der Chef seine Gäste noch per Handschlag, herrscht der Ober souverän wie ein britischer Oberst über sein Revier, schwirren auf vernickelten Silbertabletts die Wassergläser wie kristallene Vögel durch den bleiblauen Zigarettenrauch, werden lautlos erbitterte Schachpartien ausgefochten, Kritiken – wenn nicht anders nötig – auf Papier verfasst. Richter, Maler, Bildhauer, Musiker, Schauspieler und Architekten bilden manchmal wahre Bienenschwärme um einen einzigen Tisch.“
„Herr Ali“ war zu dieser Zeit Ober und bediente seine Gäste wie immer souverän und zuvorkommend. Er war einer der ersten Aushilfskellner, den Josefine und Leopold eingestellt hatten, verfügte über das nötige zwischenmenschliche Feingespür und liebte es, seine Gäste zu umsorgen. Obwohl er „nur“ ein Aushilfskellner war, brachte er alles mit, was einen perfekten „Herrn Ober“ ausmacht. Er war mit Leib und Seele für Josefine und Leopold tätig und machte das Kaffeehaus zu seinem Lebensinhalt. Ob es nun Friedensreich Hundertwasser war, der hier als einer der außergewöhnlichsten Künstler in sehr guter Erinnerung geblieben ist, oder die Dichter Hans Friedrich Kühnelt und Hans Weigel, zwischen deren Tischen die Herren Ober hin und her schwirrten – es herrschte immer gute Stimmung, für die auch Josefine und Leopold zusammen mit ihren Herren Obern sorgten.
Stammgast und „Gastgeber“ verband oft etwas unbewusst Inspirierendes. Heimito von Doderer dominierte unangefochten die Literatur der sechziger Jahre und war im Hawelka als Kaffeehausliterat zu Gast. „Das Hawelka ist bereits in London bekannt, und es treffen auch Leute aus Paris und den Niederlanden im Café Hawelka ein. Letzten Endes nur deshalb, weil Herr Hawelka nicht renoviert und es eine Persönlichkeit bleibt.“ Er wusste nur allzu gut, was ein Wiener Kaffeehaus ausmachte, und brachte sogar neue Geschäftsideen ein. Er riet Herrn Hawelka die „Frackerln“

Die „Loge“im Hawelka: der „Milan“-Tisch.

(offene Karaffe mit Sliwowitz) wieder einzuführen, und tatsächlich entwickelten sich diese zu einem sehr beliebten Getränk. Auch zahlreiche Schriftstellerfreunde gingen daraufhin häufig ins Hawelka zum „Frackerltrinken", unter ihnen auch Dorothea Zeemann, die 1955 Doderers Geliebte geworden war. „Heimito von Doderer war wirklich ein Herr, so was gibt's heute nimmermehr", schwärmte Josefine Hawelka.
Der Dramatiker Franz Theodor Csokor wohnte einmal im Hotel gegenüber vom Hawelka. Bevor er sich schlafen legte, ging er immer noch frische Luft schnappen – und auf seinem Rückweg zu Josefine und Leopold ins Kaffeehaus. Hin und wieder ist er dann auch dort eingeschlafen. „Er war ein besonderes Original", weiß Leopold Hawelka über Csokor zu berichten. Auch Friedrich Torberg gehörte immer zu den letzten Gästen, die sich erst spätnachts verabschiedeten, ebenso der Komponist Peter Ronnefeld, eine Zeit lang Assistent Herbert von Karajans an der Wiener Staatsoper, der nächtelang im Kaffeehaus saß und dort am Marmortisch eine ganze Oper geschrieben haben soll.
In dieser Zeit wurde Herr Josef im Café Hawelka als Ober eingestellt. „Herr Josef" war nicht nur ein genialer „Herr Ober" – er war auch ein leidenschaftlicher Kartenspieler, der gerne seinen Gästen über die Schulter sah und in dessen Fingern es zu jucken begann, wenn sie die Karten mischten. Vor allem Theaterleute wie Oskar Werner und der Dramatiker Harald Zusanek zückten am Kaffeehaustisch gerne die Karten. Herr Josef musste sich sehr zusammenreißen, um nicht auf das Servieren zu vergessen, und Leopold drückte auch so manches Mal beide Augen zu, wenn sein Herr Ober im Spiel der Gäste versunken zu sein schien. Rücksichtnahme auf die Kollegen und auf die Gäste galt als eines der obersten Gebote im Café Hawelka. Es wurde sogar leise gesprochen, wenn der Wolfgang Hutter einen Kater hatte … Jeder konnte sich so zu jeder Zeit und in unterschiedlichster Stimmung an seinem Platz wohl fühlen.
Oskar Werner war bereits in seinen jungen Jahren Gast im Hawelka. Regelmäßig saß er beim Eingang „Unter der Uhr" oder hinten in der „Kleine Ecke", trank sein Achterl Wein und genoss Josefines hausgemachte Buchteln. Nachdem er sich bei einem Treppensturz das Rückgrat schwer verletzt hatte, übersiedelte er zu Josefine und Leopold an den „Haustisch", an dem er der Quelle des Genusses am nächsten war. Oftmals verweilte er Tag und Nacht im Kaffeehaus. Sein Weinkonsum überstieg zwar einige Male die unsichtbaren Grenzen, aber er war ein einmaliger Mensch.
Der Dichter Gerhard Fritsch war auch ein viel beschäftigter Literatur-Redakteur und

Der Komödiant Ottwald John, Mitbegründer der „Gruppe 80", kommt fast täglich gegen Mitternacht ins Hawelka.

erlaubte sich, in einer der von ihm betreuten Zeitschriften Texte der jungen avantgardistischen Autoren Konrad Bayer und Gerhard Rühm zu veröffentlichen. Daraus entwickelten sich diverse Streitigkeiten und Feindschaften, die in hitzigen Debatten im Hawelka ausgetragen wurden. Josefine musste dann völlig unparteiisch, aber energisch dafür sorgen, dass es in derartigen Konfliktsituationen ausschließlich bei Wortgefechten blieb.

Der Komödiant Ottwald John wurde – eingeladen vom Autor Hans-Georg Behr – zum Bewunderer und Zuhörer von Zelebritäten wie Albert Paris Gütersloh, Ernst Fuchs, Hermann Hakel und Hilde Spiel. „1968" fand für ihn außerhalb des Hawelkas statt. Zusammen mit Helga Illich, Waltraud Kutschera, Rosemarie Müller-Melchers, Helmut Wiesner, Dieter Hofinger und einigen anderen rief er 1980 die „Gruppe 80" ins Leben, die in der damals neu gegründeten „Kulisse" mit Nestroys *Talisman* und *Der jüngste Tag* von Ödon von Horváth große Erfolge hatte. Werner Schönolt kreierte die Bühnenbilder; das Foto mit einem Plakat der „Gruppe 80" aus dem Jahr 1982, aufgenommen im Café Hawelka, fand 2004 auf der Leipziger Buchmesse großes Interesse. 1990 war Ottwald John Mitbegründer des „Ersten Wiener Lesetheaters" (mit Rolf Schwendter, Günther Nenning und anderen). Er besucht fast täglich gegen

„An seinem letzten Tag war er Gast bei mir", erinnert sich Leopold Hawelka an den Dichter Konrad Bayer, der sich am 10. Oktober 1964 das Leben nahm.

Mitternacht das Café Hawelka. Im Mai 2009 konnte Ottwald John Hans-Georg Behrs autobiografisches Buch *Fast ein Nomade* präsentieren, in dem Behr seine schwierige Nachkriegskindheit und seinen Weg aus einem Kloster-Internat in die Welt der Kunst schildert. „Der echte Hawelkianer bricht seine Besuche nicht ab, sondern setzt sie höchstens aus. Hawelka-Mitgliedschaft ist unkündbar." (Dietmar Grieser)
Eine traurige Erinnerung erfasst Leopold Hawelka, wenn er zum „Ofentisch" hinüberschaut. Konrad Bayer saß bei seinem letzten Kaffeehausbesuch auf diesem Platz. Es war um die Mittagszeit und er machte ein derart verzweifeltes Gesicht, sodass Leopold sogar seinen Ober Herrn Josef darauf aufmerksam machte. Leopold wollte noch zu ihm an den Tisch gehen, hat sich aber nicht getraut, so traurig sah Konrad Bayer aus. Dann ging dieser, nachdem er sein „Exerzitium des Kaffeehaussitzens" beendet hatte, nach Hause und brachte sich noch in jener Nacht um. Obwohl der letzte Besuch von Konrad Bayer auf ewig eine traurige Erinnerung bleibt, so lebt er in den nächtlichen Geschichten, die das Café Hawelka zu erzählen hat, weiter. „An seinem letzten Tag war er als Gast bei mir im Hawelka … den letzten Tag hat er bei mir am Ofentisch verbracht", betrauert Leopold Hawelka Konrad Bayers Tod.
Jeden Abend nach seinen Vorstellungen kam Helmut Qualtinger ins Hawelka, an den Ort seiner persönlichen Inspiration. Er hat hier im Kaffeehaus, vom Kleiderständertisch aus, sehr viele Eindrücke und Ereignisse, die sich zwischen den Gästen und der „Chefin" Josefine zugetragen haben, festgehalten und sie in seine Bühnenrollen einfließen lassen. „Es gibt in Wien nur Herren und Damen … nur Herren und Damen!" (Helmut Qualtinger in *Der Herr Karl*). Seine Abende nahmen oft ein sehr spätes Ende, und das eine oder andere Achterl war selbst für Qualtinger zu viel. Aber er war ein sehr gescheiter, weltoffener Mann und saß des Öfteren auch zusammen mit André Heller am „Vis à vis".
„André Heller kam immer mit einem Stock mit Silbergriff und hat ihn gedreht und gedreht … und geglaubt, jeder schaut ihn an … aber das war nicht so", erzählte Josefine Hawelka. Das Café Hawelka war zu dieser Zeit für André Heller nicht nur eine Zufluchtsstätte, die zwischen Schein und Sein keinen Unterschied kannte – das Kaffeehaus war für ihn auch ein Ort des Vertrauens geworden. Er bezeichnete Josefine als seine Sekundantin auf seiner Kräfte raubenden Durststreckenreise. „Der Herr Canetti ist auch nicht immer der ‚Herr Canetti' gewesen. Geduld, aus Ihnen wird was, das spür ich, Herr Heller", ermunterte Josefine Hawelka den jungen Künstler. Und Heller wiederum wusste Josefines Zuspruch zu schätzen: „Die Frau Hawelka hat schon

Oben: Geschickt manövriert Herr Eduard drei Melangen zwischen den Tischen.

Rechte Seite: Herr Engelbert war ein kreativer Ober. Auf ihn gehen der „Fette Kakao" und das „Menü" zurück.

an mich geglaubt, als meine Familie noch auf meine Matura bestand." Der Maler Hubert Aratym gesellte sich gerne zu André Heller an den Tisch, wenn er von seinen Frankreichreisen zurückgekommen war und wieder einige interessante Gemälde für die Bildersammlung der Familie Hawelka mitgebracht hatte. Josefine begutachtete die Werke und ergänzte die hauseigene Sammlung, die auch ein Bild von Hubert Aratym selbst beinhaltet.

Das Café Hawelka war inzwischen zu einem echten „Künstlercafé" und im Lauf der Jahre so beliebt geworden, dass sich so mancher sogar außerhalb des Hawelka seinen Stammtisch schuf. Das Kaffeehaus von Josefine und Leopold wurde 1976 von den Austria Tabakwerken für die Wiener Herbstmesse nachgebaut und galt für die Besucher als eine der Hauptattraktionen dieser Veranstaltung.

Auch die Herren Ober im Café Hawelka erlangten während dieser Zeit ein enormes Ausmaß an Beliebtheit. „Herr Theo" lebte sich sehr schnell ein. Mit der Zeit gingen die robusten Maler daran, die Führung im Café Hawelka zu übernehmen, und auch die Studenten und Schulschwänzer meldeten sich frühmorgens tonangebend in ihrem vermeintlichen Revier. Diese unterschiedlichen Tendenzen nahmen vorwiegend unter den Literaten und Malern einen bedrohlichen Charakter an, denn jede Gruppe wollte im Hawelka das *Sagen* haben. Herrn Theo konnte aber absolut nichts aus der Ruhe bringen. Er bediente einen Gast nach dem anderen und bevorzugte niemanden. Immer im selben Rhythmus – ständig in höflicher Aufmerksamkeit – handelte er zehn Jahre lang, Nacht für Nacht – ganz im Sinne von Josefine und Leopold. Der gesamte Ablauf im Café schien sein Lebensinhalt zu sein. Währenddessen umsorgte der deutsche Ober „Herr Heinz" in einer bewundernswerten Souveränität seine Gäste am Tag. Nachdem sich Herr Theo vom Kaffeehausleben verabschiedet hatte, wechselte Herr Heinz in den Abenddienst über, und seine charmanten Umgangsformen machten ihn zu einem sehr beliebten Herrn Ober.

Von einer bewundernswerten Kreativität zeigte sich „Herr Engelbert". Er war stets bemüht, seinen Gästen etwas anzubieten, das sie nur im Café Hawelka bekommen konnten – etwas ganz Ausgefallenes, das es sonst nirgends gab. Durch seine Experimente hat er den „Fetten Kakao" (Schoko mit Sliwowitz) und das „Menü" (Melange mit doppelter Birne) erfunden und auf die Hawelka-Karte, die in Form einer schwarzen Tafel an der Wand hängt, gesetzt. „Herr Engelbert" war ein tüchtiger, flinker Herr Ober, galt als der beste Verkäufer und stolperte in seiner Schnelligkeit nicht selten über Hunde- und Herrchenfüße, was gelegentlich doch für ein wenig Aufregung unter

Oben: Kurt Moldovan musste es wissen: Im Hawelka bekam man etwas, was es sonst nirgends gibt: Zeit.

Rechte Seite: Es liegt fast auf der Hand, dass das Hawelka auch für Schriftsteller ein Thema war. Für das „Sonntags-Feuilleton" der *Kronen Zeitung* (auch das hat es einmal gegeben), steuerte Kurt Moldovan eine Zeichnung bei.

den Gästen sorgte, obwohl die Situation aber schnell mit Witz und Schmäh wieder entspannt werden konnte. 19 Jahre lang arbeitete er mit vollem Engagement und war bis zu seinem Lebensende „*der* Herr Ober".

„Herr Eduard" hatte 1972 den Dienst übernommen. Er war ein Ober, der nichts und niemanden vergaß und sich an jedes Detail seiner Gäste erinnerte. Sie fühlten sich in seiner Obhut nicht bloß gut aufgehoben, sondern sonnten sich in dem Gefühl, etwas Besonderes zu sein. Herr Eduard erkannte seine Stammgäste selbst nach vielen Jahren wieder und wusste genau, was sie tranken und welche Zeitungen er ihnen unaufgefordert an den Tisch bringen musste. Am 23. Dezember 2006 verabschiedete sich Herr Eduard nach 35 Dienstjahren, in denen er sich für ganze drei Tage krank gemeldet hatte. Niemand wollte wahrhaben, dass Herr Eduard sein Hangerl tatsächlich an den Haken hängt. Sein unverwechselbarer Humor, seine Schlagfertigkeit und seine doch etwas ruppige Art, die aber niemals den Charme verlor, machten ihn unvergesslich. Sein Schmäh war unverkennbar, in unmissverständlichen Worten verpackt. Wenn Japaner Wiener Schnitzel und Sachertorte bestellten, pflegte er zu sagen: „Sorry … und Lipizzaner und Mozartkugeln hamma leider auch net." Er war ein Vollblut-Ober und für seine Gäste weit über seine Pflichten hinaus da. Wenn seine Stammgäste – Helmut Qualtinger mit Franz Ringel, Walter Pichler mit Walter Schmögner, Wolfgang Hutter mit Rudolf Hausner, H. C. Artmann mit Friedrich Torberg, Rainhard Fendrich mit Falco, Schwarzenberg mit Schönborn, Kurt Kalb mit Kurt Moldovan, Udo Proksch mit Daimler oder Oskar Werner mit sich selbst die Welt diskutierten, war er des Öfteren bis 5 Uhr früh und auch länger im Lokal. – „Die Welt zu diskutieren – das dauert eben!", zeigte sich Herr Eduard verständnisvoll.

Unzählige Geschichten um- und beschreiben das Hawelka, als Herr Engelbert, Herr Eduard und Herr Johann dort arbeiteten. Ob es bekannte oder weniger bekannte Gäste waren oder ob hin und wieder ein Gast sturzbetrunken mit voll beladenem Billa-Einkaufswagen ins Lokal stolperte und Josefine ihn gleich postwendend wieder aus dem Kaffeehaus warf oder ob Gäste auf andere Art und Weise Aufmerksamkeit auf sich lenkten – viele hinterließen unvergessliche Eindrücke, Geschichten zum Nachdenken und zum Schmunzeln.

Der Grafiker Kurt Moldovan ist als ein lustiger, sehr charmanter Gast in Erinnerung geblieben. Er ließ sich mitsamt seinem „Ei im Glas" etwas Einzigartiges, Unsichtbares an den Tisch bringen. Moldovan: „Im Hawelka wird Zeit serviert. Dieses zweckfreie Verstreichenlassen von Zeit ist das so genannte Nichtstun … eine unabdingbare

Sonntags-Feuilleton

NEUE KRONEN-ZEITUNG 3. DEZEMBER 1972 / NR. 10

Hier im Hawelka begrüßte der Chef des Hauses seine Stammkunden noch mit Handschlag, herrscht der Ober souverän wie ein britischer Oberst über sein Revier, schwirren auf vernickelten Tabletts die Wassergläser wie kristallene Vögel durch den bleiblauen Zigarettenrauch, der Graphiker Moldovan, elegant wie immer, begrüßt mit der gleichen Liebenswürdigkeit hübsche und weniger hübsche Mädchen . . ."
H. C. Artmann schrieb so über „das Hawelka", über das traditionsreichste der heute noch existierenden Wiener Literaturcafés, und Kurt Moldovan hat uns die Zeichnung zu unserem Kaffeehaustitel geliefert – vom Hawelka, das noch immer existiert, weil es für so viele so lange einfach Existenz bedeutet hat.
Viele Lokale wurden zwar wegen ihrer günstigen Lage zu Bankfilialen „aufgewertet". Aber ganz ohne die Cafés kann die Literatur, die Kunst, und eben Wien, auch heute nicht sein.
Denn irgendwo braucht man diesen Raum, in dem die Sanduhr des Lebens durch ein Glas Wasser ersetzt wird.
Der Cafés sind weniger geworden, aber das Wort Heimito von Doderers hat weiterhin Geltung:
. . . doch ist es, das Café, unsere eigentliche Öffentlichkeit. Kurzum, eine literarische Anstalt.
(Siehe Seite 6 bis 9)

ZEICHNUNG: KURT MOLDOVAN

Das Café als literarische Anstalt

Voraussetzung, um vielleicht einmal etwas zu leisten. Das Hawelka ist ein Hort der mündlichen Überlieferung – ein Ort der gesprochenen realen Abenteuerromane." Und Josefine Hawelka erinnerte sich an ihren phantasiereichen Gast: „Kurti Moldovan hat schnell getrunken, schnell gezeichnet, und dann ist er leider auch schnell gestorben."

Alfred Hrdlicka war täglich frühmorgens der erste Gast am „Vis à vis". Aus seiner extra-starken Kaffeebestellung ist im Café Hawelka die hauseigene Variation „Ultra Kurz" entstanden und musste bereits aus der Espressomaschine rinnen, sobald er das Lokal betrat. Als Stammgast erwartete er sich besonderen Service. Alles, was er für seinen Kaffeehausaufenthalt benötigte, bedurfte einer peinlich genauen Vorbereitung. Es gehörte zu den Selbstverständlichkeiten, dass er die Zeitungen, die er bevorzugte, in genau der richtigen Reihenfolge, wie er sie zu lesen pflegte, geordnet auf seinem Stammtisch vorfand und das Kaffeehauspersonal auf Zehenspitzen durch den Raum schlich, um die morgendliche Ruhe mit keinem unnötigen Geräusch zu stören.

Thomas Bernhard war ein Gast, der anderen nicht besonders viel Freude machte. „Er war sich seiner selber mies und reißt in seinem Werk *Holzfällen* (1984) alle runter. Er war zwei Jahre bei einer Baronin eingeladen und auch die reißt er in seinem Buch derartig runter", erinnerte sich Josefine Hawelka. Thomas Bernhard hat seine Liebe zum Kaffeehaus in *Wittgensteins Neffe* auf seine unverwechselbare Art beschrieben: „Das typische Wiener Café, das in der ganzen Welt berühmt ist, habe ich immer gehasst, weil alles in ihm gegen mich ist. Andererseits fühlte ich mich jahrzehntelang in einer ganzen Reihe von echten Wiener Kaffeehäusern wie zuhause."

Als Grace Kelly (Gracia Patricia von Monaco) im Juni 1977 anlässlich einer Buchpräsentation in Wien weilte und zusammen mit ihrer Mutter auch das Hawelka besuchte, war das ein ganz besonderes Ereignis. Sie saßen eine Stunde lang am Tisch „Eins Mitte". Völlig verständlich, dass der internationale Gaststar die Blicke auf sich zog. Auch einem Fotografen war der Aufenthalt der berühmten Gäste zu Ohren gekommen und er wollte ein paar Fotos machen. Günter Hawelka wusste, dass Grace Kelly inkognito bleiben wollte, fragte aber dennoch für den Reporter höflich bei ihr an. Grace Kelly erlaubte ihm schließlich, sie beim Verlassen des Lokals zu fotografieren, aber davor wollte sie zusammen mit ihrer Mutter in aller Ruhe ihren Kaffee genießen.

Allerdings blieb dem Ehepaar Hawelka auch der Schreckensmoment der Nacht vom

Oben: Wenn man berühmt ist, muss man auch Autogramme geben.

Linke Seite: Josefine, Leopold und Günter Hawelka – mit Rosen nach einer Ehrung durch Helmut Zilk.

Nicht immer ging es friedlich zu im Hawelka: Nach einem Silvester-Streit zwischen zwei Schachspielern flogen zuerst die Sessel, dann die Scherben: Die verspiegelte Bar ging zu Bruch. Seit damals ist das Hawelka jeden 31. Dezember ab 18 Uhr geschlossen.

27. auf 28. März 1979 unvergesslich. Theresa Russell und Art Garfunkel standen damals im Café für den Film *Illusions* vor den Kameras. Durch überhitzte Scheinwerfer begannen die Tapeten zu glosen und die Decke drohte einzustürzen.

Einige ihrer Kaffeehausgäste haben in Josefine und Leopold sogar eine Art von Ersatzeltern gesehen. Sie haben dem Kaffeesiederehepaar Dinge anvertraut, die sie nicht einmal ihren Freunden erzählt hätten. Georg Danzer zählte zu jenen, die sich in die fürsorgliche Obhut von Josefine und Leopold begaben und sehr familiär in ihrem Kaffeehaus aufgenommen wurden. „Den haben wir mit ‚Kleinen Braunen' aufgezogen", erzählt Leopold Hawelka und Josefine hatte ihn in ihr Herz geschlossen. „Ja, er ist ein ganz Lieber, der Georg Danzer." Allerdings hat es, bevor Georg Danzers Lied um die Welt gegangen ist, niemals einen „Nackerten" im Hawelka gegeben. Aber danach haben es einige probiert, Georg Danzers Liedtext gerecht zu werden. Herr Eduard erinnert sich an einen weiblichen Gast, der damit im Kaffeehaus Aufsehen erregte. „Die hat sich das Danzer-Lied so zu Herzen genommen, dass sie sich ausgezogen hat – aber komplett." Josefine sah sich die Show der Dame nicht lange an. „So, jetzt zieh'n wir uns wieder an – wir wollen uns ja nicht verkühlen!", machte Josefine Hawelka deutlich, packte die Kleider der Entblößten und warf sie über deren ungeniert freigemachten Körper.

Georg Danzer saß gerne mit seinen Freunden Rainhard Fendrich, Wolfgang Ambros und Falco in der „Kleinen Ecke" und hier wurde am 19. Februar 1987 auch Falcos 30. Geburtstag gefeiert. Er spendierte den Gästen eine 30 Kilo schwere Käsetorte und ein Zauberer sorgte mit einigen Showeinlagen für einen unvergesslichen Abend. Seitdem klebt eine Spielkarte an der Decke, die für immer an Falco erinnern wird.

Ein bunter Gästestrauß bewegte sich auf dieser Bühne der Selbstdarstellung – vom Komödianten bis zum Zuschauer – und jeder wurde Teil der Vorstellung, in der niemals Langeweile herrschte. So wurde das Café Hawelka zur Institution und Leopold und Josefine Hawelka sind genauso berühmt geworden, wie ihre Gäste es sind.

„Jetzt kommen die Literaten und Maler nimmer so oft, weil jeder hat eine schöne Wohnung oder gar eine Villa, aber früher – die Wiener Schule zum Beispiel, die waren früher jeden Tag im Hawelka. Jetzt kommen sie hin und wieder, früher haben sie bei uns gewohnt. Wir hatten sogar die wunderbaren Lexika von Brockhaus in unserem Café gehabt – es gab auch Schreibwerkzeug, wie Feder und Tinte. Da konnte jeder Gast einen Liebesbrief oder einen Roman schreiben. Das war wirklich *das Kaffeehaus* – und Wasser haben sie trinken können, so viel sie wollten. Heute ist alles sehr teuer

Dafür harmonierten die Hawelkas umso mehr – vielleicht weil sie nur selten Schach spielten.

geworden – früher war es leichter, die Gäste mit einer kleinen Aufmerksamkeit zu erfreuen – da gab es Kaffee um 15 Groschen, Melange 20, Mehlspeise um 10 und auch ein Butterbrot um 10 Groschen", erzählt Leopold Hawelka. Radiomoderator Rudi Klausnitzer nahm Jahre später das Café Hawelka genauestens unter die Lupe und bewies in seinem damals neuen *Ö3-Magazin*, dass das Kaffeehaus in der Dorotheergasse noch immer „das Künstlercafé" der Stadt Wien ist.

Wer sich in dieser Zeit in literarischen und künstlerischen Belangen am Laufenden halten und über prominente Besuche in der Stadt informiert sein wollte, bezog aus dem Hawelka die bei weitem verlässlicheren Informationen als etwa aus dem Ministerium für Unterricht und Kunst. Es wäre fast einfacher zu sagen, wer *nicht* hier gewesen ist. Viele Berühmtheiten aus dem In- und Ausland haben es während ihrer Wien-Aufenthalte nie versäumt, das Hawelka zu besuchen: Elias Canetti, Henry Miller, Arthur Miller, Andy Warhol … um wenigstens ein paar zu nennen. Politiker und vor allem Journalisten sind in das Kaffeehaus gekommen, um neue Aufmacher für ihre Zeitungen zu entdecken. Marcello Mastroianni sah man am „Kleiderständer" sitzen,

Hereinspaziert!
Ein kurzer Blick nach
draußen muss
im hektischen
Tagesgeschäft schon
möglich sein.

Oben: Bereits in der Literaten-Zeit im Hawelka Stammgast: Dr. Alfred Zellinger.

Rechts: Gruppenbild mit Leopold. Noch die dritte Generation der Hawelkas beherrscht die Kunst, die rund 127 Plätze im Café nahtlos zu füllen.

während Omar Sharif den „Bartisch" bevorzugte, Richard Burton auf „Drei Mitte" verweilte und Telly Savalas, Peter Ustinov und Luis Trenker sich am liebsten „Unter der Uhr" unterhielten. Theodor Körner fühlte sich auch ohne seine Leibwache am „Ofentisch" sehr wohl, während es sich Kurt Waldheim in seinen letzten Präsidententagen öfter in der „Großen Ecke" gemütlich machte.

Die Dire Straits machten das Hawelka zu einem Fixpunkt ihrer Tournee: „Zuerst ins Hawelka ... dann in die Konzerthalle" stand auf ihrem Tourplan. Auch Schlagerstar Nicole stärkte sich 1995 mit Melange und Marmorgugelhupf für ihr bevorstehendes Konzert in der Stadthalle. Ottfried Fischer nimmt, wenn er in Wien dreht, immer wieder zur Entspannung „Unter der Uhr" Platz. Ganz gleich, ob prominent oder nicht prominent – es gab und gibt bis heute keine Sonderbehandlung, auch nicht, was die Sitzordnung betrifft. Selbst wenn Udo Jürgens in der „Kleinen Ecke" sitzt, lässt es sich nicht immer vermeiden, dass die Hawelkas selbst ihm hin und wieder Gäste an den Tisch setzen. „Das Hawelka wäre nicht das, was es ist – wenn das anders wäre", meint Jürgens.

Roland Starrach war ein jahrzehntelanger nächtlicher Stammgast. Er kam immer gegen Mitternacht, nahm auf „Drei Mitte" Platz und trank, während er las, seinen Kleinen Mokka und vier Gläser Wasser. Auf seinem Tisch herrschte eine fast peinliche Ordnung. Nachdem er eine Stunde gelesen hatte, rückte er die Dinge auf seinem Tisch erneut zurecht. Alles musste genauestens angeordnet sein. Jeder nächtliche Besuch endete erst dann, wenn im Café Hawelka das Licht ausgeschaltet wurde. Herr Roland war im Heeresgeschichtlichen Museum in Wien tätig. Die Menschen genossen die Gespräche mit ihm. Der sehr kluge und belesene Mann teilte sein Wissen gerne mit interessierten Menschen. Herr Roland war bis zu seinem Lebensende im Jahr 2007 ein gern gesehener Stammgast. Die Familie Hawelka verabschiedete ihn als einen der lezten Alt-Wiener-Kaffeehaus-Stammgäste.

Alfred Zellinger war bereits in der Literaten-Zeit im Hawelka zu Gast und arbeitete an seinen Lektüren. Oftmals traf er am „Vis à vis" auf den Fernsehmoderator Robert Hochner, der regelmäßig seine Helle Melange genoss. Heute ist Alfred Zellinger im Ruhestand und setzt diese Tradition täglich – ab 19 Uhr – am Milantisch oder, wie aus früheren Zeiten gewohnt, am „Vis à vis" fort.

Leopold Hawelka ist mit seinem Café zu einer Fremdenverkehrsattraktion ersten Ranges geworden und erhält Briefe aus aller Welt (Tokio, Singapur, Adelaide, Mumbai, Narvik, Mexiko City, Detroit, Neckarsulm ...). „I wär net der Hawelka ohne mei Frau",

MUSIK

betonte Leopold Hawelka voller Stolz. Das Café Hawelka ist offiziell von acht Uhr früh bis zwei Uhr nachts geöffnet. Es bedarf eines besonderen Organisationstalents, um die Familie und das Kaffeehaus mit derart großzügigen Öffnungszeiten erfolgreich führen zu können. Mit dem Leitgedanken „Der Chef muss immer da sein" haben Josefine und Leopold die Ansprüche ihrer Gäste mit großem Erfolg erfüllt. Das Kaffeehaus lebt vom Miteinander. „Die Frau erhalt's G'schäft und ich den Gast", war Leopold Hawelkas Überzeugung.

Alle Situationen im Interesse jedes einzelnen Gasts zu regeln ist der Familie Hawelka das Wichtigste. Sie sind stolz darauf, eine Menge lieber Gäste in ihrem Kaffeehaus zu haben. Josefine bezeichnete ihr Publikum als eine auserlesene „Jahrzehntesammlung", und alle Gäste zusammen ergeben ein ausgezeichnetes „Feinschmeckermenü". Jedem Gast ist es bis heute eine besondere Ehre, in ihrem Kaffeehaus zum Stammgast ernannt zu werden. Besonders stolz machte es sie, dass es in ihrem Café trotz der unterschiedlichsten Menschen aus den verschiedensten Ländern nie eine Rauferei gegeben hat. Wortgefechte und hitzige Temperamentsausbrüche wurden all die Jahrzehnte hindurch in angemessener Weise beigelegt und Streitigkeiten mit kompetenten Argumenten eingedämmt. Josefine Hawelka: „Wenn ein Gast nicht hereinpasst, muss man schau'n, dass er wieder geht. Ich habe einige eigenhändig rausgeschmissen und Betrunkene kommen mir erst gar nicht ins Lokal."

Leopold und Josefine Hawelka

Leopold Hawelka wurde am 11. April 1911 in Mistelbach als zweiter Sohn des angesehenen Schuhmachermeister-Ehepaares Gottlieb und Maria Hawelka geboren und lebte dort in der Kreuzgasse 4, bis er 1925 nach Wien umzog und im Restaurant Deierl als Piccolo zu arbeiten begann. Drei Jahre später, im August 1928, beendete er seine Lehre in der Gastronomie und ging 1929 als Weinkellner nach Bad Gastein in den Gasteinerhof. Durch eine internationale Kellnervereinigung kam Leopold wieder nach Wien ins Restaurant Deierl zurück und lernte dort als Servierkellner die Schankkassiererin Josefine Danzberger kennen. 1936 heiratete er Josefine und nahm mit ihr zusammen das Café Alt-Wien in Pacht. Bereits drei Jahre später eröffneten die beiden das Café Hawelka. Unverkennbar und flink bewegte sich Leopold jahrzehntelang mit seinem Markenzeichen – einem Hangerl über dem linken Unterarm

1936 haben sie geheiratet, danach das Café Alt Wien gepachtet, bevor sie in die Dorotheergasse umzogen. Für Spaß vor der Kamera war kaum je Zeit.

– durch sein Kaffeehaus. Ein ebenso typisches Detail ist sein schräges Mascherl. In den Anfangszeiten des Hawelka war Leopold täglich bis zu achtzehn Stunden für seine Gäste da. Im bereits sehr hohen Alter von 80 Jahren verbrachte er noch immer ununterbrochen zwölf Stunden in seinem Café, arbeitete und lief genau so flink umher, wie seine Ober. Heute, mit seinen unglaublichen 98 Jahren, sitzt er jeden Vormittag in seinem Kaffeehaus, begrüßt die Gäste, lässt sich fotografieren und gibt auch gerne Autogramme. „Ich hab' mein Leben lang nie geraucht. Ich trink' gerne Kaffee und ab und zu ein Viertel Wein oder ein Glaserl Bier. Ich hab' mein Leben lang solid gelebt." In seiner sehr knapp bemessenen Freizeit pflegte er seinen geliebten Garten und seine selbst gezüchteten Sonnenblumen. Mit seinen Tanzkünsten hätte er zusammen mit seiner Frau den alljährlichen Kaffeesiederball in der Hofburg eröffnen können. Bewegungsmangel hat es sein ganzes Leben lang nicht gegeben. Zur Entspannung widmete er sich leidenschaftlich seiner Malerei und lässt sich auch heute noch gerne von Schuberts *Nocturne in Es-Dur* und von Beethovens *Frühlingssonate* berieseln. Lachen kann er nach wie vor über Karl Valentin, und seine innere Ausgeglichenheit fand er beim Billard. Leopold war auch ein begeisterter Geigenspieler. „Jetzt ist auch meine Geige im Ruhestand." Josefine hat für Leopold ein

REGEN
WALD
ERHALTEN
5.

Ein Busserl zu Leopold Hawelkas 80er. Zur Feier des Tages wurde ein Klavier ins Café gestellt, skeptisch beobachtet vom langjährigen Tagesober Johann.

Gottlieb Hawelka (re.), Vater von Leopold, links dessen Bruder, der ebenfalls Gottlieb hieß.

Deckerl mit den aufgestickten Worten „Musik hat noch nie ein Herz betrogen, aber viele tausend Herzen erfreut“ gemacht, und es ziert bis heute seinen Geigenkasten im Ruhestand. Leopolds Sammelleidenschaft offenbart sich in seinen Bildern und Briefmarken. Er sieht gerne Filme wie *Krieg und Frieden* und entspannt sich im Kurzurlaub, in Alt-Münster am Traunsee, mit Büchern von Stefan Zweig (*Sternstunden der Menschheit*). Aber sein Lieblingsplatz in Österreich ist unumstritten Wien. „I bin und bleib a Kaffeesieder. Ich hab' etwas geschaffen für Wien, und ich bin stolz darauf. Hans Weigel hat mir ins Gästebuch geschrieben: ‚Wenn das Hawelka nicht wär', müsste man es erfinden.'“

An seinem 75. Geburtstag feierte Leopold Hawelka zugleich auch sein fünfzigjähriges Kaffeesiederjubiläum. „Ich hab immer Glück gehabt – mit meiner Frau, mit dem Lokal und im Krieg. Meine Frau ist sehr streng, aber mit ihr habe ich einen Haupttreffer gemacht.“ 1991 ist Leopold offiziell in den Ruhestand getreten. Aber er denkt nicht daran, einen Tag einmal nicht in sein Kaffeehaus zu gehen. „Ich regeneriere mich im Kaffeehaus. Wenn ich draußen bin, schlaf' ich ein, im Kaffeehaus bin ich wach. Ich könnt schon lange in Pension sein, könnt in Mallorca schwimmen ... Solang es geht, arbeiten wir. Ich hätt vielleicht schon aufgehört, aber meine Frau ... die gibt nie Ruh ...“

Josefine (Danzberger) Hawelka wurde am 12. Oktober 1913 in Kirchdorf an der Krems in Oberösterreich als Tochter eines Fleischhauers geboren und half nach ihrer Schulzeit vorerst bei ihrer Tante im Gasthaus mit. Mit 16 Jahren übersiedelte sie nach Wien und nahm ebenfalls im Restaurant Deierl (der früheren Pizzeria d'Atri, in der Jahrzehnte später auch einer ihrer beiden Enkel arbeiten sollte) eine Stelle als Schankkassiererin an. Dort entschied sie sich, ihren Lebensweg gemeinsam mit Leopold zu gehen. Sie war die treibende Kraft beim Entschluss, das Café „Alt Wien“ in Pacht zu nehmen und drei Jahre später in die Dorotheergasse zu übersiedeln, um dort zusammen mit ihrem Ehemann ein eigenes Kaffeehaus aufzumachen. Gemeinsam haben die beiden das Café Hawelka geschaffen und damit ihr Lebenswerk vollbracht. Josefines Tag im Café begann um 14 Uhr 30. Nach den Gästen schauen und sie richtig zu platzieren stand an oberster Stelle auf Josefines Prioritätenliste. Mit ihrer mütterlich resoluten Art pflegte sie am Leben ihrer Gäste Anteil zu nehmen und mit Geschick dafür zu sorgen, dass sich jeder Gast auf seinem Platz wohl fühlte. Post erledigen und für Leopold das Essen kochen – alles lief ihr, durch gute Organisation und harte Arbeit, trotz des stets voll besetzten Lokals, von der Hand. Josefine war

Ein Team mit perfekter Arbeitsteilung: Josefines Tag begann um 14.30 Uhr und endete selten vor drei Uhr Früh. Leopold Hawelka übernahm die Frühschicht.

CAFÉ
LEOPOLD
HAWELKA

CAFÉ
LEOPOLD

Günter Hawelka herzt den Papa, und der wiederum posiert lässig vor pikanten Darstellungen zwischenmenschlicher Begegnung in Halbkleidung.

Einer der vielen Gründe, täglich das Hawelka aufzusuchen, sind die legendären Buchteln, die ab 22 Uhr ofenfrisch serviert werden.

eine Meisterin im Buchtelbacken und bereitete täglich frische Mehlspeisen wie Hauskuchen und Topfenstrudel nach eigenem Rezept zu, während Leopold am Morgen den Gugelhupf nach Hausrezept backte. „Josefines täglich ofenfrisch servierte Buchteln" stehen nach wie vor, als Spezialität des Hauses, ganz oben auf der Mehlspeisenliste und sind bis heute fester Bestandteil der Tradition im Café Hawelka.

Mittellose Künstler, halbbekannte Maler, Theaterleute und Stammtischphilosophen haben täglich bis 22 Uhr auf diese Köstlichkeit gewartet und sogar frisch halbierte Liebespaare suchten in ihren Kuchenvariationen Trost. „Für ein Kaffeehaus braucht man Herz und Liebe", davon war Josefine Hawelka immer überzeugt gewesen. Jede Bestellung wurde in ihrer Zeit noch händisch boniert und in der Nacht, bevor sie nach Hause ging, händisch von ihr abgerechnet. Josefine sperrte sehr oft erst gegen vier Uhr früh zu und machte sich nach einem erfüllten Arbeitstag zufrieden auf den Heimweg. „Ich werde lachend sterben", sagte sie einmal.

Am 22. März 2005, einem Dienstag – dem einzigen Tag der Woche, an dem das Kaffeehaus geschlossen ist –, musste sich Leopold nach 69 Ehejahren endgültig von seiner Frau verabschieden. Josefine Hawelka war im Alter von 91 Jahren, nachdem sie 66 Jahre lang zusammen mit Leopold das Café geführt hatte, verstorben. Als die

„Sie hat ein unverändertes Alter, welches hoffen lässt, dass bei ihr ein ‚Älterwerden' ausgeschlossen ist", sagte Wolfgang Hutter über die *Grande Dame* der Wiener Kaffeehauskultur.

Seele des Cafés lebt sie in den nachfolgenden Generationen und deren Feingefühl und Wertschätzung für Tradition und Kultur weiter.
Der Maler Wolfgang Hutter: „Frau Hawelka hat die Farbe einer intelligenten Brieftaube, die kommerzielle Intelligenz eines Konzernvorstands, das Gedächtnis eines Geldbriefträgers, die Geschicklichkeit eines Varietékünstlers, einen Elefanten in eine Hutschachtel zu platzieren. Sie hat ein unverändertes Alter, welches hoffen lässt, dass bei ihr ein ‚Älterwerden' ausgeschlossen ist. Die Dame ist eine ‚österreichische Figur' … nicht kopierbar, unersetzbar, mit einem Wissen, welches in die Mythologie einzuordnen ist und dort genauer zu bestimmen wäre."

DAS CAFÉ HAWELKA HEUTE

Vorhergehende Seite: Drei Generationen an einem Tisch: Amir, Günter, Leopold und Michael Hawelka.

Rechts: Das Hawelka ist natürlich auch eines eigenen Kaffees würdig: Der „Mokka Leopold" lässt die Zungenknospen freudig pulsieren.

Fritz Riha schrieb 1967 in seinem Buch *Das alte Wiener Kaffeehaus*: „In der Wiener Innenstadt hat das ‚Café Hawelka' einigermaßen die Tradition übernommen und gilt augenblicklich als der Parnass der Wiener Künstlerwelt. Es hat die Art des Zeitungscafés geschickt verbunden mit den Künstlerrunden von einst. – Klein bescheiden, fast altmodisch präsentiert es sich dem Gast, obgleich es um so größere Talente beherbergt. Vielleicht ist die Zeit des ‚Hawelka' noch nicht da – nämlich die Zeit, darüber zu schreiben. Es steht auch noch zu sehr in der Gegenwart, zu sehr im jetzigen Geschehen. Die Namen derer, die dort ein- und ausgehen, sind noch zuwenig lang bekannt, um glorifiziert zu werden. Erst wenn es einmal von einem prominenten Künstler heißen wird, er sei früher immer im ‚Hawelka' gewesen, dann wird es vielleicht so weit sein, dann wird es sich anschließen, an die Reihe der traditionellen Literatencafés von einst. – Dann wird man sofort wissen, wo es ist."

Heute weiß jeder Kaffeehausfreund, dass sich das Café Hawelka in der Dorotheergasse – einer Seitengasse des Graben in Wien – befindet. Der Graben ist nicht nur der geografische Mittelpunkt Wiens, er stellt nach wie vor – in der unmittelbaren Nähe des Stephansdoms – das gesellschaftliche Zentrum der Stadt Wien dar.

Neben unzähligen historischen Sehenswürdigkeiten ist das Café Hawelka zu einer echten Wiener Spezialität geworden. Aus vielen niemals vorhersehbaren Begebenheiten ist es zu einer Attraktion unter Wiens Kaffeehäusern herangewachsen und besteht nach wie vor in der Kunst, sich in Tradition und Kultur einfühlen zu können. Die Harmonie zwischen Zeit und Genuss macht das Kaffeehaus bis heute zu einem Zufluchtsort für jedermann. Hier gönnen sich die Gäste den wohl größten Luxus, indem sie sich noch Zeit nehmen zum Auftanken von besonderer Energie, um diese auch mit nach Hause nehmen.

Die zweite Generation · Herta Hawelka

Herta Hawelka reiste 1947 mit ihrem Bruder Günter nach Portugal, um Abstand zu den düsteren Nachkriegsverhältnissen in Wien zu bekommen. Die portugiesische Gastfamilie, bei der Herta untergebracht war, lud sie noch einige Male danach ein, und das ermöglichte es ihr, die Landessprache perfekt zu erlernen. So war es naheliegend, dass sie später eine Stelle an der brasilianischen Botschaft in der Prinz-Eugen-Straße in Wien annahm. 27 Jahre lang arbeitete sie für das Konsulat und

ALT
WIENER
KAFFEEHAUS
TRADITION
CAFÉ
LEOPOLD
HAWELKA®
MOKKA
LEOPOLD
GANZE BOHNEN
TROMMELRÖSTUNG

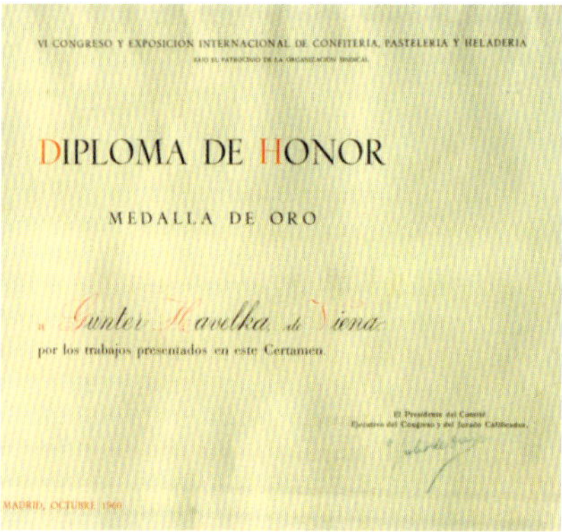
VI CONGRESO Y EXPOSICIÓN INTERNACIONAL DE CONFITERIA, PASTELERIA Y HELADERIA

DIPLOMA DE HONOR

MEDALLA DE ORO

a Günter Hawelka, de Viena
por los trabajos presentados en este Certamen.

El Presidente del Comité
Ejecutivo del Congreso y del Jurado Calificador,

MADRID, OCTUBRE 1960

Für die „Venus im Garten" gab es Gold: Günter Hawelkas süße Skulptur sicherte ihm den ersten Platz bei der Madrider Zuckerbäckerausstellung 1960.

bekam für ihre langjährigen Dienste einen Orden verliehen, bevor sie 1990 zu ihrer Familie ins Kaffeehaus überwechselte und fünf Jahre lang als erfolgreiche Geschäftsfrau im Familienbetrieb tätig war. Heute kümmert sie sich liebevoll um ihren 98-jährigen Vater und besucht das Kaffeehaus regelmäßig.

Günter Hawelka

Günter Hawelka wurde am 12. Juli 1940 in Wien geboren. Nachdem er seine Schulzeit beendet hatte, trat er 1954 in der k. & k. Zuckerbäckerei Jesenicz & Sluka die Lehre zum Zuckerbäcker an. Jesenicz & Sluka war als „die Oberhoheit" der Etikette bekannt. Nach seinem Pflichtdienst beim Bundesheer zog es den Zuckerbäcker in die Ferne. 1960 kreierte er für die Zuckerbäckerausstellung in Madrid die „Venus im Garten" und erhielt dafür ein Diplom und ging aus diesem Wettbewerb als Sieger hervor. Ein Jahr später zog es ihn nach Deutschland, wo er voll Stolz sein erstes Auto, einen VW-Käfer Jahrgang 59, kaufte und damit weiter nach Paris ins Hotel Ritz reiste. 1963 kam es ihm in den Sinn, auch London kennen zu lernen. Dort arbeitete er in einem nicht geringeren Ambiente als im Park Lane Hotel und in den Konditoreien Floris und Gloriette. Fünf Jahre später packte er seine Sachen in seinen VW-Käfer und trat die Heimreise nach Wien an. Im März 1973 kehrte er ins Hawelka zurück und ist seitdem im Kaffeehaus seiner Eltern unabkömmlich.

Um sechs Uhr früh steht er als Erster vor der Tür, schließt auf und erweckt das Lokal nach seiner kurzen Nachtruhe erneut zum Leben. Das Licht geht an, die Kaffeemaschine wird aufgedreht und alle weiteren Vorbereitungen für einen neuen Tag werden getroffen. Wenn der Früh-Ober um acht Uhr morgens zu seinem Dienst erscheint, sind die Zeitungen zum Einspannen bereits vorbereitet, und die Teigmaschine arbeitet schon auf Hochtouren. Er hat nicht nur Espressomaschine und Küche übernommen, sondern ist als genialer Zuckerbäcker Schöpfer vieler hauseigener Köstlichkeiten und vor allem strenger Hüter der traditionellen Familienrezepte.

Zwischen Eingangstür und Küche begrüßt er seine Gäste perfekt in vier Landessprachen, nimmt sich immer Zeit für ein paar nette Worte, bevor er sich wieder zurückzieht und die Buchteln vorbereitet, die abends frisch herausgebacken werden. Zwischendurch nimmt er noch jeden Vormittag sein Einkaufswagerl, das auch schon

Bereits in jungen Jahren verstand sich Zuckerbäcker Günter Hawelka besonders aufs Süße. Hier bereitet er köstliche Trinkschokolade zu – bis heute wird diese mit der Hand gerührt.

Ohne ihn würde es das Café Hawelka heute nicht mehr geben: Günter Hawelka, Weltbürger, Hobbyhistoriker und passionierter Sammler.

Günter Hawelka beim Bestücken des professionell von Hand gemachten Hauskuchens.

eine gewisse Tradition hat, in die Hand – schraubt die stets locker gewordene Schraube fest – und macht sich auf den Weg, um die notwendigen Lebensmittel täglich frisch zu besorgen.

Sogar am Ruhetag – dem „Heiligen Dienstag“ – ist er frühmorgens im Kaffeehaus und erledigt Dinge, für die sich während der Öffnungszeiten keine Gelegenheit bietet. Die Plakatwand auf den neuesten Stand zu bringen, den Boden einzuölen und die nächste Woche durchzuplanen gehören regelmäßig zu den unablässigen Aufgaben am Ruhetag.

Seinem unerschöpflichen Einsatz und demselben Ausmaß an Einfühlungsvermögen, wie es ihm seine Eltern jahrzehntelang vorgelebt haben, ist es zu verdanken, dass sich die Menschen im Hawelka nach wie vor wohl fühlen und sich jeden Abend ab 22 Uhr das unverfälschte Aroma des Buchtelduftes in die Nase steigen lassen können. Er ist wie sein Vater der Sonnenschein des Kaffeehauses und versprüht in jeder Situation Lebensfreude, die auf jeden Gast ansteckend wirkt.

„Heute leben wir in der Vergangenheit. Bei uns ist nur die Decke vom Rauch dunkler geworden und ein Bild von Salvador Dalí hat einen rosa Farbstich angenommen, sonst hat sich nichts verändert.“ (*Günter Hawelka*). Hier wird noch immer, wie zu

Eine Symphonie des Geschmacks: Hauskuchen und Gugelhupf, dazu Kaffee und die Tageszeitung. Mehr kann man vom Leben nicht verlangen.

Anfangszeiten, in dunstiger Atmosphäre mit dem Kaffee eine Portion Kultur serviert. Es ist ein Kaffeehaus, in dem die Gäste – neben dem Kaffeegenuss – wie in einem Museum schmökern und alte Architektur und Gemälde bewundern können. Die Plakatschichten an den Wänden, die Telefonzelle und die abgewetzten Plüschbänke vermitteln den Besuchern bis heute die einmalige Aura jahrzehntelanger Kaffeehausgeschichte und -tradition der Familie Hawelka.

Hawelka-Mehlspeisen

Traditionsbewusst verhält sich das Café Hawelka bei seiner Auswahl an Speisen. Kaffee mit Kipferl soll es bereits unmittelbar nach der Türkenbelagerung gegeben haben. Die Erfindung des Kipferls wird einem Wiener Bäckermeister nachgesagt, der den Halbmond der Türken nachgebacken haben soll, um den „Feind" verspeisen zu können – so erzählt es zumindest eine weitere Legende der Wiener Kaffeehausgeschichte. Kaffee in jeder beliebigen Wiener Art und dazu ein Kipferl gelten seit jener Zeit als typische Kaffeehausjause. Die böhmischen Germteig-Mehlspeisen

Ob Bier zu Buchteln jedermanns Sache ist? Über Geschmack lässt sich bekanntlich nicht streiten. Eine Wohltat für den Gaumen sind sie auf alle Fälle.

LEOPOLD
HAWELKA

Nußbeugerl oder Marzipanröllchen – je nach Lust und Laune des Meisterpatissiers Günter Hawelka.

haben um 1900 die Herzen der Wiener erobert, und bis heute werden diese Spezialitäten in den Wiener Kaffeehäusern angeboten. Das Hawelka bietet seit seinem Bestehen täglich frisch gemachte Hauskuchen aus Biskuitteig, Gugelhupf aus Sandmasse, Topfen-, Apfel- und Mohnstrudel an und abends werden ofenfrische Buchteln serviert.

Das Aroma eines Alt-Wiener Kaffeehauses sollte niemals aufdringlich wirken. Gerüche und Düfte müssen sich mit der Gesamtatmosphäre verbinden und in einem undefinierbaren Aroma, das sich aus einer Mischung aus altem Plüsch, Holz und Bodenwachs, Kaffee, Gebäck und Mehlspeisen zusammensetzt, ganz leicht in der Kaffeehausluft dahinschweben – ansonsten fehlt es an jeglicher Harmonie.

Ganz gleich, ob die nächtlichen Hawelka-Gäste aus diversen Kulturveranstaltungen noch ins Café kommen, um den Abend dort ausklingen zu lassen, oder ob sie schon ein paar Stunden hier sitzen, lesen, sich unterhalten und dabei die Zeit verstreichen lassen ... sie alle verbindet etwas: Die nächtlichen Hawelka-Hocker wollen ab 22 Uhr die traditionellen Buchteln genießen. Nicht ohne Grund hatte sich Oskar Werner nach seinem Unfall den Haustisch ausgesucht – den Tisch, der den Buchteln am nächsten ist. „Pepperl, bring ma die Buchteln!“, rief er in Richtung Küche. Auch Georg Danzer hat in seinem berühmten Lied, in dem er sein Stammcafé besingt, Josefines Buchteln bedacht. „Neilich sitz' i umma hoiba zwa im hawelka bei a poa wuchtel'n und bei an bier ...“. Er gehörte zu denjenigen, die der Kombination Hawelka-Buchteln und Bier nicht widerstehen konnten.

Die Nachbarn

Seit 1992 gibt es im südmährischen Znaim *(Znojmo)* ein Café namens „Havelka“, das auch gerne von Künstlern aufgesucht wird. Das Einzige, was sich von seinem Vorbild in Wien unterscheidet, ist die Schreibweise. Lenka Havelka, die Besitzerin, ist inzwischen mit der Familie Hawelka in Wien gut bekannt. Sie wurde immer schon mit dem Café Hawelka in Wien verglichen, weil sie ebenfalls seit jeher in ihrem Kaffeehaus Buchteln und Kaffee angeboten hat. So wurde es zum „Havelka“ im südmährischen Znaim. Ganz besonders hat sich Lenka Havelka gefreut, als sie eine Grußkarte aus Wien erhalten hat: „Hawelka grüßt Havelka“.

In den vielen Jahrzehnten hat sich auch rund um das Kaffeehaus in der Dorotheer-

Spiel des Lichts und der Farben –
das Hawelka in der Abenddämmerung.

Oskar Wiener und Padhi Friedberger vor dem Casanova am Weg ins Café.

gasse einiges getan. Das Café Hawelka hat schon viel gesehen, viele Nachbarn begrüßt und auch viele wieder verabschiedet.
Die „Casanova-Bar", die direkt an das Hawelka grenzt, wurde in der Nachkriegszeit vorwiegend von der amerikanischen Besatzungsmacht besucht und war ein markanter Schauplatz in Carol Reeds berühmtem Film *Der dritte Mann*, in dem Orson Welles als Hauptdarsteller mitwirkte. Der Film zeigt das „Nachkriegs-Wien" in vollkommen authentischen Facetten und ist damit viel mehr als ein gut gemachter Krimi, der zufällig in Wien spielt.
Neben dem Hawelka ist einzig das Musikhaus Doblinger, im ehemals barocken Palais Dietrichstein in der Dorotheergasse 10, unverändert. Zusammen mit dem Hawelka hält das Doblinger in der Dorotheergasse jahrzehntelange Traditionen hoch.

Die dritte Generation

Günter Hawelka war der Mann, der im Café Hawelka alles zusammengehalten hat und dem es zu verdanken ist, dass es das Kaffeehaus in dieser Form heute noch gibt. Auch er könnte schon längst in den wohlverdienten Ruhestand treten und seinen privaten Interessen, wie dem Sammeln von Antiquitäten, nachkommen. Doch mit vollem Einsatz unterstützt er nach wie vor seine beiden Söhne Amir und Michael im Café.
Das Café Hawelka lebt heute in der dritten Generation nicht *in* der Vergangenheit, sondern *mit* der Vergangenheit. Es gehört eine Menge Feingespür dazu, zeitgemäße Veränderungen mit den Traditionen des Hauses zu vereinbaren. Jedes auch nur kleinste Detail wird genauestens überlegt, bevor es in die Tat umgesetzt wird. Tradition und Kultur dürfen auf gar keinen Fall darunter leiden und die Gäste sollten durch die Veränderungen nichts an Atmosphäre einbüßen müssen.
Seit ein paar Jahren haben die Gäste die Möglichkeit, im Sommer in einem gemütlichen Gastgarten vor dem Lokal zu sitzen. In den Jahren zuvor waren hier lediglich drei Tische aufgestellt gewesen, die die Menschen einluden, hier für einige Zeit Platz zu nehmen und die laue Sommerluft zu genießen. Daraus ist nun ein richtiger Schanigarten geworden, der den ganzen Sommer über voll besetzt ist. Unter den

Seit einigen Jahren können die Gäste auch im Gastgarten vor dem Lokal ihren Kaffee genießen.

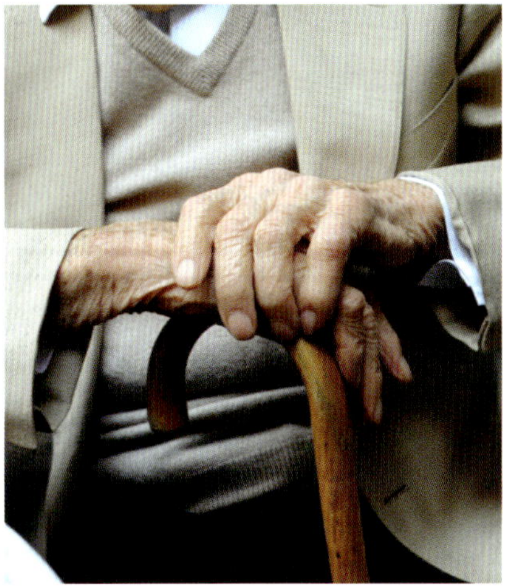

Auch dem Senior-Chef gefällt es an der frischen Luft.

schützenden, Schatten spendenden und farblich zum Lokal abgestimmten Schirmen fühlen sich die Gäste – zwischen den Grünpflanzen, mitten in der Innenstadt, abgeschirmt von all dem Lärm und Trubel – wohl.

Auch die Küche wurde komplett renoviert. Günter konnte sich nur sehr schwer von dem alten Kupferweinkühler seiner Mutter trennen und nach langem Hin-und-Herüberlegen hat er sogar Teile aus Josefines Kücheneinrichtung mit nach Hause genommen. Er hätte es nicht mit ansehen können, wenn alles, was das Kaffeehaus jahrzehntelang geprägt hatte, einfach auf dem Müll gelandet wäre – so verwurzelt ist er mit jedem einzelnen Stück, das zum Hawelka gehört.

Die Nachfolgegeneration hat sich auch dem Stand der Technik angepasst und auf Computer umgestellt, den die jungen Inhaber selbstverständlich so platziert haben, dass er für die Gäste nicht sichtbar ist und der altehrwürdige Charme des Kaffeehauses nicht gestört wird. Amir und Michael Hawelka haben es zusammen mit ihrem Vater zustande gebracht, kleine Renovierungen durchzuführen, ohne dass es der Gast tatsächlich wahrnimmt. Für ihn ist alles beim Alten geblieben und das gibt den Menschen die Möglichkeit, das Hawelka auch weiterhin in einem unveränderten Zustand zu „erfühlen" und lieb zu gewinnen.

Oben: Der Wiener Grafiker und Bildhauer Christoph Exler macht sich Notizen. Ob er wohl etwas über das Hawelka schreibt?

Viele große Wiener Kaffeehäuser, die fast perfekte Imitate unter die originalen Kaffeehausmöbelstücke gemischt haben und damit Tradition und Kultur wiederbeleben wollen, beeindrucken heute durch prunkvolle Räumlichkeiten. Das kleine Café Hawelka ist einen anderen Weg gegangen und hat sich seine unverfälschte, formvollendete Ursprünglichkeit über Jahrzehnte bewahrt. Selbst die leiseste Andeutung einer kühnen Träumerei bezüglich einer eventuell vorschwebenden Renovierung würde auf lautstarke Proteste stoßen.

Schon Leopold Hawelka wurde unzählige Male auf eine Renovierung angesprochen. „Der Kaffee wär net besser, wenn das Lokal moderner wär", ist schon damals seine Antwort gewesen und darauf ist er bis heute stolz. Es wurde zu seiner und Josefines Zeit höchstens im Interesse von Hygiene und Sauberkeit tapeziert, die Wände neu gestrichen oder der Boden neu verlegt. Nachdem das Café Herrenhof 1960 endgültig schließen musste und sein Interieur geradezu verscherbelt wurde, rettete Leopold noch einige Jugendstil-Einzelstücke, die optimal in sein Kaffeehaus passten. Der Löffelhalter und der Jugendstil-Messingständer zieren heute noch die Theke im Hawelka und sind fester Bestandteil des alten Inventars geworden. Leopold Hawelka hat schon immer seine Augen offen gehalten und rechtzeitig reagiert, wenn es sich um Ein-

richtungsgegenstände für sein Kaffeehaus handelte. „Das Neue wird schnell alt, aber das Alte bleibt immer neu“, war auch Heimito von Doderers Meinung. Die Familie Hawelka schätzt das harmonische Zusammenspiel zwischen alter Kultur, Kunst und Wohnlichkeit und hat den Charme dieser historisch unverwechselbaren Ausstattung seit eh und je in ihrer ursprünglichen Vollkommenheit erhalten. Es ist in der heutigen Zeit nur sehr schwer möglich, an einzelne unverfälschte Wiener Kaffeehaus-Jugendstil-Gegenstände heranzukommen. Leopold Hawelka kennt seine Kaffeehausbesucher sehr gut und weiß: „Unsere Gäste wollen absolut nichts Neues haben, die wollen das Hawelka so, wie's ist.“ Von den Wurzeln an liegt das Geheimnis des Cafés in der Persönlichkeit von Leopold und Josefine, die es in seiner Existenz einfach haben wachsen lassen. Längst ist es eine Wiener Institution, die nur deshalb nicht unter Denkmalschutz steht, weil das nicht notwendig ist – niemand würde auch nur daran denken, dieses Original unter den Wiener Kaffeehäusern, in dem die bescheidenen, aber sehr stilvollen Einrichtungsgegenstände längst vom milden Schein der Tradition vergoldet sind, verändern zu wollen. „Das schönste Stadtcafé von altem Schrot und Korn ist und bleibt für mich das Café Hawelka in der Dorotheergasse. Dort, eingebettet zwischen Casanova und einem lieben, alten Wirtshaus, scheint mir all das erhalten geblieben zu sein, was wir Jungen eigentlich nur mehr aus Büchern, Zeitungen oder den Erzählungen älterer Jahrgänge kennen“, sagte einst H. C. Artmann.

Es gibt seit eh und je 27 Tische und ungefähr 120 Sitzplätze, die, gemessen an dem Ansturm auf dieses Lokal, kaum ausreichend scheinen. Obwohl das Café immer randvoll ist, ist es ein Kunststück, hier keinen Platz zu finden. Dafür hat Josefine bereits zu ihren Lebzeiten gesorgt und auch die Nachfolgegenerationen beherrschen das Kunststück „1000 Menschen auf 120 Sitzplätzen“ unterzubringen, genauso wie sie es tat. Hier sitzt jeder neben jedem – der Generaldirektor sitzt neben dem gnädigen Fräulein, der Punk neben der *Grande Madame*, Junge sitzen auf den Plätzen der Alten und Töchter (mitunter auch zufällig) neben ihren Müttern. Jeder Tisch wird von den unterschiedlichsten Generationen umsäumt und jeder Platz vermittelt einen völlig neuen Eindruck. Es ist interessant zu beobachten, wie sich die Besucher von Mal zu Mal nach vorne arbeiten und jedes Plätzchen dazwischen austesten. Die willkürlich angeordneten Tische strahlen uneingeschränkte Freiheit des Lebens und Erlebens aus. Ein Wohlgefühl des augenblicklichen Daseins in der blassblauen Dunstwolke im Café Hawelka.

Oben: „Hunde“, so steht hier zu lesen, „sind ausnahmslos auf dem Boden zu halten!“ Und das nicht ohne Grund: Die vierbeinigen Gäste wären für die Stoffbezüge der Sofas kein Segen.

Linke Seite: Außerdem hätten die Vierbeiner hier wenig Auslauf, auch wenn es ihnen unter dem Tisch oder in einer ruhigen Ecke durchaus gefallen würde.

Oben: Auch Magazintüren können elegant sein, wie auf diesem Bild zu sehen ist.

Rechte Seite: Hinter dieser Kaffeehaus-Jugendstil-Tür befindet sich das Magazin, früher das Separee.

Nächste Doppelseite: Hier hat nicht der Zahn, sondern nur der Hauch der Zeit seine Spuren hinterlassen. Details auf Wand und Boden.

Das Kaffeehaus-Erlebnis heute

Unweigerlich verändern sich mit dem Lauf der Zeit auch Dinge, auf die selbst ein traditionsbewusster Kaffeehausbetreiber keinen Einfluss hat. Auch das Publikum hat sich generationsbedingt verändert. Heute hat jeder ein warmes Zuhause und deshalb ist das Kaffeehaus wegen der äußeren Umstände keine Notwendigkeit mehr und noch weniger ist es der Kaffee, der die Menschen um die Kaffeehaustische schart. Es ist vorwiegend die Eigenart der Atmosphäre – jene Atmosphäre, die nur von einem behaglichen, kultivierten Raum ausgehen kann und sich aus vielen undefinierbaren Empfindungen, die das alte Mobiliar umhüllen, zusammensetzt. Das Image des Hauses als Künstlercafé geht – wie bereits erfahren – bis in die Nachkriegszeit zurück. Hier trafen einander Künstler und Kunstfreunde und das Café Hawelka genießt heute in Wien in seiner Einzigartigkeit Kultur- und Kultstatus gleichermaßen. Es ist dem kunstsinnigen Denken der drei Hawelka-Generationen zuzuschreiben, mit dem Fortschritt der heutigen Zeit auf traditionelle Art und Weise Schritt halten zu können und ständig abzuwägen, was tragbar ist. Schließlich will auch die neue Generation Altes bewahren und die Tradition des Hauses erfolgreich weiterführen, aber dennoch ist zeitgemäßes Handeln erforderlich. Noch immer ist das Hawelka, wie Stefan Zweig das Wiener Kaffeehaus in *Die Welt von gestern. Erinnerungen eines Europäers* beschreibt, „eine Art demokratischer, jedem für eine Schale Kaffee zugänglicher Klub, wo jeder Gast für diesen kleinen Obolus stundenlang sitzen, diskutieren, arbeiten und vor allem nach wie vor eine unbegrenzte Zahl von Zeitungen und Magazinen konsumieren kann". Gäste mögen sich verändert haben, aber die hohe Kunst des Kaffeetrinkens ist bis heute keinesfalls mit zweckmäßigem Kaffeetrinken vergleichbar und die Gründe ein echtes Wiener Kaffeehaus zu besuchen sind die gleichen geblieben. „Nicht daheim und doch zuhause – allein und doch in Gesellschaft …", wie Stefan Zweig schrieb. Daran hat sich im Café Hawelka bis heute nichts verändert. Die Leute gehen noch immer wegen der Leute hin – heute jedoch nur noch selten, um gezielt nach Künstlern Ausschau zu halten –, heute treffen sich hier Menschen, um zu plaudern oder um gemeinsam die eine oder andere Stunde zu verbringen. Zufälliges Aufeinandertreffen und Zufallsbekanntschaften machen das Café Hawelka zu einem Ort der unkomplizierten Kommunikation. Für jeden Kaffeehausgast spielt es eine ganz persönliche Rolle, weshalb er im Kaffeehaus sitzt und warum er ausgerechnet dieses ausgewählt hat. Das geradezu Magische im Café Hawelka besteht zum Teil in den

CAFÉ

Reliquien aus dem Café-Restaurant Herrenhof. Die beiden Glasständer kaufte Leopold Hawelka, als der Herrenhof seine Pforten schließen musste.

Gegensätzlichkeiten, die das gesamte Publikum ausmachen, und äußert sich in der Möglichkeit, dass jeder, der hier sitzt, sich vollkommen entfalten kann. Genau das verleiht jedem Gast das Gefühl, sich außerhalb jeglicher Rangordnung zu befinden. Das Kaffeehaus der Familie Hawelka ist ein Platz, angereichert mit Geschichte und Geschichten – kurzum ein Teil kultureller Wiener Identität.

Einem ungeschriebenen Gesetz zufolge herrschte einst in den Wiener Kaffeehäusern absolute Loyalität unter den intellektuellen Stammgästen. Gäste, die nicht zum Kreis der Künstler zählten, hatten sich hingegen vermeintliche Rangordnungen zurechtgelegt, an deren Spitze bereits etablierte Schriftsteller, Künstler und Wissenschaftler rangierten, allesamt umringt von einer respektvoll lauschenden Schar von Anhängern, die es mindestens so weit wie diese bringen wollten. Diskutiert wurde alles, kritische Auseinandersetzungen mit allen möglichen Themen waren selbstverständlich. So musste sich etwa Felix Holländer von Otto Erich Hartleben eine herbe Kritik gefallen lassen: Hartleben zerpflückte eine Redewendung aus einem Roman Holländers. Dieser hatte geschrieben, *draußen sei ein so miserables Wetter gewesen, dass man keinen Hund vom Ofen locken konnte,* woraufhin ihm Hartleben energisch entgegensetzte, dass er hier zwei Redensarten widersinnig zusammengebunden hätte. Diese endlos erscheinende Diskussion endete, indem Holländer mit den Worten „Ich bin trotzdem ein Dichter!“ klein beigeben musste. Es gab in derartigen intellektuellen Diskussionsrunden nur eine Sünde: das Unvermögen, auf einen Satz nicht sofort mit einem kompetenten aussagekräftigen Gegensatz antworten zu können. Wie lange es dauerte, bis es zu diesem Resultat kam, war allen Beteiligten gleichgültig – sie hatten Zeit.

Heute bringen die Stammgäste aus sämtlichen Bereichen zwar alle Erfordernisse eines Intellektuellen mit – immer seltener aber sich selbst. Sie haben keine Zeit mehr. Der Intellektuelle von einst genoss den Kaffee und erledigte viele seiner Arbeiten im Kaffeehaus. Wer mit ihm telefonieren wollte, wusste, dass er in seinem Stammcafé zu erreichen war. Heute werden die Gäste auf ihren Handys angerufen und werden dadurch oft mit spontanen Terminen überhäuft, was nicht selten ein Kommen und Gehen zur Folge hat. Diese rastlose Kurzlebigkeit in der heutigen Zeit versetzt die Menschheit in Unruhe. Der größte Luxus heutzutage ist „Zeit haben“. Nicht grundlos sagt der Maler Ernst Fuchs: „Ich gehe heute nicht mehr hin – das Publikum ist ein anderes. Früher traf man dort alle Künstler – heute ist man etabliert – geht man deshalb nicht mehr hin?“

Heute sitzen hier nicht nur Kaffeehausgäste aus aller Welt. Das Hawelka bietet schon immer eine beliebte Kulisse für Filme. Die häufigen Anfragen vieler junger Filmteams werden von der Familie Hawelka immer wieder gerne unterstützt.
Die Frage, ob man im Café Hawelka einen Laptop anschließen darf, wird mit einem freundlichen „Natürlich Madame – selbstverständlich der Herr!" beantwortet. Die Familie Hawelka versucht die Technologie in das Kaffeehausleben mit einzubeziehen. Jeder schreibt und kreiert heute am Laptop. Der Trend, freischaffend zu arbeiten, sich frei zu bewegen und vor allem dort zu arbeiten, wo man sich am wohlsten fühlt, steigt. In New York und Paris sind Laptops in Cafés ein längst gewohntes Bild. In Wien beginnt sich dieser Trend allmählich durchzusetzen. Und an und für sich ist es nicht viel anders als in den Jahrzehnten davor. In netter Gesellschaft und doch für sich allein seine Arbeit verrichten zu können, findet erneut ein sehr großes Ausmaß an Motivation, wieder im Kaffeehaus zu arbeiten. Leider schreibt heute nur noch eine geringe Anzahl dieser Menschen „echte" Literatur. Vielmehr beschäftigen sich die Menschen auf dem grafischen Sektor, kreieren Werbung und verfassen sachliche Texte. Menschen aus den unterschiedlichsten Branchen treffen wieder im Kaffeehaus aufeinander und viele geschäftliche, künstlerische und wissenschaftliche Kontakte werden erst dadurch möglich. Bereits 1981 meinte der Maler Wolfgang Hutter: „Die Zeiten des Hawelka waren jene, in denen es noch nicht bekannt war – heute ist es eher wie ein Treffen einer alten Liebschaft, an die man sich gerne erinnert." Aber noch immer entstehen sehr viele Geschichten im Kaffeehaus und die Gäste, die ihre Köpfe nach wie vor in Zeitungen oder mitgebrachte Lektüre stecken, einen Laptop oder ein Notizbuch vor sich liegen haben und niveauvoll diskutieren, wirken nicht wie „Kaffeehausgäste" der heutigen Zeit … viel mehr erinnern sie uns an die „Kaffeehausbewohner" von einst.
Hier ruht noch immer der Geist des höheren Schaffens und würde man nicht wissen, dass die Gäste hier ins 21. Jahrhundert gehören, so würde man meinen, durch ein Zeitfenster gegangen zu sein, sobald man die Schwelle ins Café Hawelka überschritten hat. Ein Teil der Gäste passt eher in die erste Hälfte des 20. Jahrhunderts, als in unsere vom Alltagsstress geprägte Gegenwart. Studenten lernen, andere arbeiten, besprechen sich geschäftlich oder unterhalten sich privat. Auf diese Weise wird hier das Angenehme stets mit dem Nützlichen verbunden. Vermutlich befinden sich auch heute im Café Hawelka Gäste, denen man noch nicht ansieht, dass sie vielleicht einmal Künstler sein werden. Das war auch früher unter den Intellektuellen nicht anders

Natürlich sind Laptops im Hawelka erlaubt. Man geht mit der Zeit.

– und heute bringen wir viele etablierte Künstler mit dem Hawelka in Verbindung. Was den Herrn Ober betrifft, so hat auch hier mit dem Generationswechsel eine kleine Veränderung stattgefunden. Leopold Hawelka hat es mit den Regeln sehr streng gehalten. Heute serviert der Herr Ober zwar nicht mehr nach ganz so strenger Etikette, aber dennoch mit Wortwitz, Charme und aufmerksamer Höflichkeit. Nicht selten hört man von der jüngeren Ober-Generation anstatt „Gnä' Frau" das Wort „Madame", was zu einem jungen Ober ohnehin viel besser passt und ihm ehrlicher über die Lippen kommt. Noch immer erinnern sie aber in gewisser Art und Weise an die Zeit der Habsburger – charmante Begrüßung, angedeuteter Handkuss, respektvoller, aufmerksamer Service, nichts scheint aufgesetzt oder gar gespielt zu sein. Hier genießen sie eine unvergleichbare Atmosphäre, Teamgeist und Kollegialität haben oberste Priorität, während in anderen Lokalen – zumindest was die Gäste betrifft – jeder für sich allein zu sein scheint. Die Herren Ober hier lieben es, ihren Beruf mit Tradition und Kultur in Verbindung bringen zu können. Sie genießen es ihre Persönlichkeit leben zu können und keine angelernten Umgangsformen anwenden zu mussen. Ganz besonders schätzen sie die Weiterführung der Besonderheiten, die Leopold und Josefine Hawelka eingeführt haben, etwa hausgemachte

Kuchen und Buchteln nach der ganz persönlichen Art des Hauses zu servieren und zu beobachten, wie die Gäste ihren Kaffee genießen. Der Aufbau des Raums mit dem im Original erhaltenen Inventar erzeugt ein derart harmonisches Ambiente, dass die Atmosphäre nur in den seltensten Fällen von Touristen gestört wird, die das Hawelka einfach nicht annehmen können oder wollen, wie es ist. Dann jedoch tritt der Herr Ober in Aktion und verteidigt die Tradition des Kaffeehauses mit Leib und Seele.

Ein Ober, der im Hawelka serviert, verfällt niemals dem Alltagstrott, denn zuallererst muss er den gesamten Ablauf im Auge behalten, wofür ihm die Vielfalt der Gäste immer genügend Gelegenheit gibt. Jeder Ober ist sich der Wichtigkeit seiner Funktion bewusst und setzt alles daran, seine Stammgäste so gut wie möglich kennen zu lernen. Die neue Generation von Gästen genießt zwar die alte „Benimm-dich-Schule", ist aber selbständiger geworden. Deshalb vermisst auch niemand die helfenden Hände des Herrn Ober. Man schlüpft selbst in seinen Mantel und wird in aller Form der Höflichkeit verabschiedet, was bereits wie eine Einladung klingt und einen auf den nächsten Besuch freuen lässt. Nach wie vor stehen auch die „Reservier-Schilder" unverändert an bestimmten Tischen, um den Stammgästen ihre gewohnten Plätze anbieten zu können. Selbst wenn Hochbetrieb herrscht, ist ihnen ihr Lieblingsplatz sicher.

Frei und ohne jegliche Einschränkung verhält sich das Café Hawelka auch gegenüber den Rauchern. Bis Ende der „Theresianischen Zeit" war das Rauchen in den Kaffeehäusern in Wien durchaus kein Thema, doch schon damals machten einige Kaffeehäuser darauf aufmerksam, dass für Raucher ein abgesondertes Zimmer vorhanden sei. Bereits 1776 eröffnete ein Wiener Kaffeehaus offiziell ein separates Raucherzimmer.

Ein Rauchverbot würde die Gäste im Hawelka enorm einschränken. Den Menschen würde ein erhebliches Maß an Gemütlichkeit genommen werden und die gesamte Kaffeehausatmosphäre hätte ohne diese blassblaue Dunstwolke eine Riesenlücke. Genau wie Günter Hawelka hält auch sein Vater Leopold Nichtrauchercafés für Blödsinn, obwohl beide selbst Nichtraucher sind. Leopold fühlt sich krank, wenn er nicht in seinem Raucher-Hawelka sitzen kann. „Wenn es ein generelles Verbot gibt, dann gibt es eine Revolution und ich stehe an der Spitze!", meint Günter Hawelka. „Das wäre ein Einschnitt in die Kaffeehauskultur. Eine Rauchwolke gehört zur Atmosphäre!"

Das Café Hawelka hat zu jeder Stunde des Tages ein anderes Gesicht, andere Gäste

Linke Seite: Und wer keinen Laptop dabei hat, wirft einen Blick in die Zeitung – oder lässt die Zeit einfach nur so vergehen.

und ein anderes Milieu in seinem ewig gleich bleibenden kleinen Kosmos.

Die morgendliche Ruhe, die sich einzelne Gäste auf den gemütlichen Sofas, an den Marmortischen, mit Herrn Günter und seinem Früh-Ober teilen, wird nur durch leises Hantieren in der Küche, den Geräuschen der Kaffeemaschine, Zeitungsblättern und den behutsamen, aber doch sehr flinken Schritten des Obers, der unaufgefordert seinen Frühgästen das „Übliche" an den Tisch bringt, durchbrochen. Hie und da eine höfliche Geste von Gast zu Gast und ein paar nette Worte beim Stöbern am Zeitungstisch lassen den Tag ruhevoll beginnen. Nach und nach kommen Gäste, vereinzelt oder in Gruppen, Menschen mit Fotoapparat und Rucksack. Jeder spürt sofort, wie er sich zu verhalten hat. Sie benehmen sich wie Museumsbesucher, streifen etwas zaghaft durch das Lokal und sehen sich interessiert um – betrachten die Kunstwerke an den Wänden und das Inventar, lesen die Urkunden, Zertifikate und Auszeichnungen. Etwas unsicher kommt ihnen die Frage, ob sie hier fotografieren dürfen, im Flüsterton über ihre Lippen. Die Zeitungsleser nehmen von all dem keine Notiz. Alles geht ohne Trubel und ohne ein lautes Wort vor sich und die morgendliche Ruhe bleibt trotz der ständigen Bewegung erhalten.

Manfred Deix als Verfechter des Rauchens

Täglich zwischen 10 und 11 Uhr betritt Herr Leopold Hawelka das Kaffeehaus und setzt sich an den Milantisch. In diesem Augenblick gehört die gesamte Aufmerksamkeit des inzwischen voll gewordenen Lokals ihm allein. Besucher bitten ihn, ein Foto machen zu dürfen, worüber er sich freut. Auch er beobachtet alle Abläufe im Kaffeehaus. Ihm scheint nach wie vor nichts zu entgehen. Sofort sieht er, wenn ein Gast das Lokal verlässt, ohne dass ihm ein Platz angeboten wurde. Er selbst bezeichnet sich als ständiger Platzanweiser. Einige Touristengruppen verlassen das Kaffeehaus schnell wieder, nachdem sie sich umgesehen haben. „Das war wieder ein Guckibus!", schmunzelt Günter Hawelka. Andere sind neugierig geworden, nehmen Platz und empfinden es neben all den zahlreichen Museen in Wien als das angenehmste der Stadt.

Es ist bereits Nachmittag – Herr Leopold und Herr Günter haben sich inzwischen verabschiedet. Stadtbummler, Wien-Besucher und einige, die dem Stadtrummel entflohen sind, strömen ins Kaffeehaus und nehmen im größeren Bereich des Lokals

„Eine Rauchwolke gehört zur Atmosphäre!", sagt Günter Hawelka. Der blaue Dunst zählt hier genauso zum Inventar wie die Kaffeehäferl.

Platz, während es sich die Stammgäste eher um den Barbereich herum gemütlich machen. Tische wie Milan, Vis à vis und Kleine Ecke sind für die Stammgäste rund um die Uhr reserviert. Hier in seinem Revier fühlt sich der Stammgast zuhause, kann das rege Treiben beobachten und ist gerade noch gut genug abgeschirmt, um sich hier zum Lesen oder Arbeiten zurückziehen zu können.

Wie zuvor Günter, kümmern sich jetzt seine Söhne Amir und Michael um die Gäste und um den Ablauf im Café. Hier ein paar freundliche Worte, dort ein sympathisches Lächeln – und schon sind die beiden wieder quer durch das Lokal unterwegs, um Plätze für die Gäste zu organisieren. Wie von Zauberhand ist für jeden noch ein Stuhl zu finden. Aus dem gleichmäßigen, ruhigen Kaffeehausgemurmel hat sich nun eine viel regere Plauderei entwickelt, aber die authentische Atmosphäre des Kaffeehauses bleibt vollkommen erhalten.

Während das Hawelka tagsüber besonders von den langjährigen Stammgästen frequentiert wird und Touristenschwärme das Lokal besetzen, umfasst das Abendpublikum auch sehr viele junge Gäste, die regelmäßig hierherkommen. Es ist, als seien hier zwei Cafés ineinander verschachtelt. Alter und Herkunft spielen in diesen vier Wänden absolut keine Rolle – kunterbunt mischen sich die Gäste oft um einen Tisch.

SPIELPLANVORSCHAU
ABENDKASSA
ABO-BÜRO
www.volkstheater.at
HASSFURTHER
DIE POETIK DES TECHNISCHEN OBJEKTS
JEAN PROUVÉ

ERNST BARLACH
und Käthe Kollwitz
13.02. – 25.05.2009
Melange.
Café Hawelka
Tradition hat
einen guten
Geschmack.
"Geschlossene Gesellschaft"
LEOPOLD MUSEUM
ERT HAMMERSTIEL
chnungen und Druckgrafik
06.02. – 21.09.2009
im Architekturzentrum Wien
AUF GOLDENEM GRUND.
ITALIENISCHE MALEREI ZWISCHEN GOTISCHER TRADITION UND DEM AUFBRUCH ZUR RENAISSANCE
12. DEZEMBER 2008 – 14. APRIL 2009
LIECHTENSTEIN MUSEUM
m Bild
1500 bis 1900
kunst historisches museum
khm
2. Juli 2009
Maria Theresien-Platz · 1010 Wien · www.khm.at

So wie früher scharen sich auch heute bis zu vier Leute um kleine Zweiertische und wahre Bienenschwärme um jeden größeren Marmortisch. Welchen Themen ihre Unterhaltungen gelten, ist nicht von Belang – die Menschen spiegeln lediglich die viel beschriebene Kaffeehausatmosphäre von einst wider.
Besonders nach Kulturveranstaltungen erreicht der allabendliche Trubel ein unglaubliches Ausmaß. Die Besucher sind nach Abenden des Kultur- und Kunstgenusses müde und stellen einander die nicht unwesentliche Frage: „Wo gehen wir jetzt hin?" – „Na wohin schon? … Natürlich ins Hawelka!" Die Herren Ober schwirren auf den nun sehr eng gewordenen Gängen durchs Lokal. Fast akrobatisch schwingen sie mehrere Silbertabletts auf einmal über die unzähligen Köpfe der Gäste hinweg. Sie haben alle Hände voll zu tun und dennoch dringt kein Anflug von Stress und Hektik nach außen. Unvorstellbar, wenn im Hintergrund auch noch Musik trällern würde. Das Café Hawelka hat in den 70ern auch dem Trend der „Musikboxen" widerstanden. Bereits damals hätte sich jeder echte Wiener Kaffeehausfreund am liebsten eine „Platte der Stille" – mit absolut nichts drauf – aufgenommen, um sich in solchen lärmenden Lokalen für einen Schilling drei Minuten dieses kostbaren Gutes erkaufen zu können.
Seit Menschengedenken schätzt der Wiener Kaffeehausliebhaber die Ruhe in diesen Räumlichkeiten. Während heute beinahe jedes Lokal mit Musik überflutet ist, ist hier das Kaffeehausgeplauder tonangebend und klingt wie eine wohltuende Melodie. Ob jung oder alt – es ist das pure Kaffeehauserleben, das hier im Hawelka Stimmung macht und die Menschen motiviert und inspiriert.
Die Geräuschkulisse wird ab Mitternacht allmählich ruhiger. Viele der Gäste verabschieden sich, um noch schnell die letzte U-Bahn zu erwischen, während andere erst jetzt das Lokal betreten. Hin und wieder dringt noch ein die Stimmung belebendes Lachen durch das gedämpfte Gemurmel. Einige Stammgäste genießen jetzt noch das Hawelka fast für sich allein, ohne Touristenschwärme, in aller Ruhe und Gemütlichkeit verrichten sie noch spätabends ihre Arbeiten. Jeder lässt sich gerne einfangen, um in dem einmaligen Kaffeehausmythos dahinzuschwelgen und sich von ihm in die Nacht hineintragen zu lassen. Die Menschen im Café Hawelka genießen eine heute schon sehr rar gewordene Atmosphäre, die zu vergangener Zeit als selbstverständlich gegolten hat und von der man denkt, es gäbe sie heute nicht mehr. Hier erleben sie das „echte" Wiener Kaffeehaus.
Das Café Hawelka ist legendär, weltberühmt, ein Qualitätsbegriff, eine Institution,

Die dritte Generation im Hawelka: Michael und Amir führen die Tradition weiter.

viel geliebt, viel beschrieben, lebendig wie eh und je. „Wer in Wien war und nicht im Hawelka, war eigentlich nicht in Wien“, meinte schon Helmut Qualtinger, der es schließlich wissen musste. Für Touristen ist es neben vielen anderen kulturellen Attraktionen zu einer monumentalen Sehenswürdigkeit des Zeitgeistes von einst geworden, viele Durchzugsgäste bezeichnen es als einzigartig, und für die Stammgäste ist es das geblieben, was es schon immer war – ihr zweites Zuhause. Für die Kreativen ist es schließlich eine nicht mehr wegzudenkende Heimat der Inspiration geworden. Es ist unumstritten ein geistiges „Hochlandcafé“, das trotz allen Fortschritts seit jeher als *das* Wiener Literaten- und Künstlercafé gilt. Das Hawelka ist das Symbol einer Welt, die sich für das Mit- und nicht für das Gegeneinander entschieden hat.

AUS DEM GÄSTE-BUCH DES HAWELKA

Herrlich, dieses HAWELKA! Lauter tolle Leute da!
Mir gefällt der Kellner gut! Sein Anblick gibt mir Lebensmut!!
18.2.2000

Vorherige Doppelseite:
Herrlich, dieses Gästebuch!
Und so mancher dreiste Spruch.
Wie jener hier von Manfred Deix,
dem Spötter von ganz Österreix.

Friedrich Achleitner wurde am 23. Mai 1930 in Schachen, Oberösterreich, geboren. 1950 begann er das Architekturstudium bei Clemens Holzmeister an der Akademie der bildenden Künste in Wien und schloss es 1953 mit einem Diplom ab. Anschließend ließ er sich bis 1955 zum Bühnenbildner an der „Meisterschule Emil Pirchan" ausbilden und wurde als Architekturhistoriker und Schriftsteller Mitglied der „Wiener Gruppe". Zusammen mit H. C. Artmann, Konrad Bayer, Gerhard Rühm und Oswald Wiener verschaffte er sich in der Dialektdichtung und der Konkreten Poesie hohe Anerkennung (*hosn rosn baa*, 1959 mit H. C. Artmann und Gerhard Rühm) und wirkte an Aufführungen des „Literarischen Kabaretts" mit. 1957 wurde ihm als freischaffendem Architekten der „Theodor-Körner-Preis" verliehen. Von Anfang der sechziger bis in die siebziger Jahre schrieb er vorwiegend Architekturkritiken und wurde Lehrbeauftragter für „Geschichte der Baukonstruktion" an der Akademie der bildenden Künste in Wien. 1983 bis 1998 war er Inhaber des Lehrstuhls für Architekturgeschichte an der Hochschule für angewandte Kunst in Wien. 1984 erhielt er den Österreichischen Staatspreis für Kulturpublizistik.

Eduard Angeli wurde 1942 in Wien geboren und studierte von 1960 bis 1965 an der Akademie der bildenden Künste in Wien Malerei und Kunsterziehung bei Robin Christian Andersen. 1965 erhielt er sein Diplom und im selben Jahr legte er die Lehramtsprüfung für Kunsterziehung und Geschichte ab. 1967 übersiedelte er nach Istanbul und nahm dort an der Kunstakademie 1969 eine Gastprofessur an, ehe er 1971 nach Wien zurückkehrte. Seit 1966 präsentiert Eduard Angeli seine Werke in zahlreichen Ausstellungen im In- und Ausland. Seine Kunst war anfangs von der bewusst „banal" gehaltenen Malerei der Gruppe „Wirklichkeiten" beeinflusst. In den frühen siebziger Jahren begann Eduard Angeli sich auf Werke gegen Krieg und Militarismus zu konzentrieren. Ab 1980 veränderte sich der Charakter seiner Bilder kontinuierlich, es dominierten nun flächenorientierte, streng geometrische Formen. Bereits 1963 erhielt Eduard Angeli für sein künstlerisches Werk den Kunstförderungspreis der Zentralsparkasse der Gemeinde Wien und 1982 wurde ihm der Preis der Stadt Wien für Malerei überreicht.

H. C. Artmann, geboren am 12. Juni 1921 in Wien-Breitensee. Er verarbeitete in seinen Werken Trivialmythen aus Schwank und Posse, die er in seine anregenden hochperfektionierten Erzählformen aufnahm. Nach seiner Trennung von der Wiener

Eduard Angeli, Teil der Hawelka'schen Sammlung, hat sich ebenfalls im Gästebuch verewigt.

Gruppe 1958 war er in ganz Europa unterwegs. 1958 erschien sein Dialekt-Gedichtband *med ana schwoazzn dintn*, der ihn endgültig bekannt machte. 1973 bis 1978 war er der erste Präsident der Grazer Autorenversammlung, und 1974 erhielt er den Großen Österreichischen Staatspreis. 1991 verlieh man ihm das Österreichische Ehrenzeichen für Wissenschaft und Kunst. 1997 wurden ihm der „Ehrenpreis des österreichischen Buchhandels für Toleranz in Denken und Handeln" und der Georg-Büchner-Preis überreicht. Am 4. Dezember 2000 ist der bedeutende Schriftsteller und Übersetzer in Wien verstorben.

Konrad Bayer wurde am 17. Dezember 1932 in Wien geboren, erlernte den Beruf eines Bankangestellten und übte diesen bis 1957 aus. In den 1950er-Jahren stieß er zur Wiener Gruppe. „Simultanlesungen" und „Literarische Kabaretts" prägten die gemeinsamen Auftritte der Gruppe besonders in den Jahren 1958/59, gefolgt von zahlreichen Theateraufführungen. Konrad Bayer brachte Werke wie *Starker toback* (Prosa, 1962, mit Oswald Wiener), *Der Stein der Weisen* (1963) und in den Jahren 1956 bis

Ebenfalls Stammgast
im Hawelka: H. C. Artmann.

1964 zahlreiche Textmontagen, zusammen mit H. C. Artmann und Gerhard Rühm, an die Öffentlichkeit. Am 10. Oktober 1964 nahm er sich das Leben. Zu seinen Lebzeiten stießen seine provokanten Werke meist auf Widerspruch und Unverständnis. Heute gilt er als einer der Wegbereiter der Wiener Schriftsteller-Avantgarde der fünfziger und sechziger Jahre.

Arik (Erich) Brauer, Maler, Grafiker, Bühnenbildner, Sänger und Dichter, wurde am 4. Jänner 1929 in Wien geboren. Er studierte von 1945 bis 1951 an der Akademie der bildenden Künste in Wien und war währenddessen ein Schüler von Albert Paris Gütersloh. Auf seinen jahrelangen Reisen – meist in den Orient – und vielen weiteren Auslandsaufenthalten, vorwiegend in Paris und Israel, lebte Brauer zunächst von Auftritten als Sänger. 1967 erschien seine erste Schallplatte, mit seinen Liedern im Wiener Dialekt war er ein Vorreiter des Austropop. Erst um 1960 wurde die Malerei zu seiner Haupttätigkeit. Mit den Künstlern der Wiener Schule des Phantastischen Realismus war er bereits in seinen Akademiejahren befreundet, konnte aber die künstlerischen Gemeinsamkeiten bereits in der Zeit des „Art-Clubs“ festigen. Charakterisierend für sein künstlerisches Werk ist die detaillierte Kleinarbeit seiner „Schichtenmalerei“, selbst die Einbindung aktueller politischer Ereignisse in seine Malerei verschafft seinen Bildern eine traumhaft märchenhafte Atmosphäre, wobei seine orientalischen Eindrücke nicht zu kurz kommen. 1985 bis 1997 arbeitete er als Professor an der Akademie der bildenden Künste in Wien. Arik Brauer wurde als Phantast geboren. Er war nie ein Surrealist, obwohl sein großes Vorbild Salvador Dalí einer war.

Georg Danzer wurde am 7. Oktober 1946 in Wien geboren. Nach seiner Matura 1965 fuhr er per Autostopp durch Deutschland, Holland und Italien. Nachdem er nach seiner Rückkehr an der Akademie für darstellende Kunst in Wien abgelehnt worden war, inskribierte er halbherzig an der Universität für Philosophie, verbrachte aber mehr Zeit in Parks und Kaffeehäusern als in den Hörsälen. 1967 folgte seine nächste große Autostoppfahrt nach Griechenland und Kreta. Als noch im selben Jahr *Sgt. Pepper* von den Beatles auf den Markt kam, begann Georg Danzer, vollkommen inspiriert, ernsthaft Lieder zu schreiben und brachte im Herbst 1968 seine erste Single *Vera* heraus. Die Chance auf einen Plattenvertrag im Jahr 1969 platzte jedoch wieder. 1970 entdeckte Eva-Maria Kaiser Georg Danzers Talent, und er schrieb daraufhin für zahlreiche Wiener Musiker in Wien Lieder, etwa für Wolfgang Ambros, Marianne Mendt, Erika Pluhar, Margot Werner und Wilfried. Die meisten davon gerieten allerdings sehr schnell wieder in Vergessenheit. 1971, als Georg Danzer sich der Band „Madcaps" anschloss, schrieb er für die Gruppe die Lieder *Schneemensch, Sommer is* und *John Wayne*. 1972 löste seine Single *Tschik* einen mittleren Skandal aus. Georg Danzers „Sandlerstimme" wurde vom Ö3-Musikredakteur Peter Barwitz entlarvt und die Originalversion der Single, die damals anstatt in einer Hülle in einem Papiersackerl verpackt war, erreicht heute an den Musikbörsen einen Wert jenseits der Hundert-Euro-Note. Danach erschien seine Langspielplatte mit demselben Titel und wurde schon nach kurzer Zeit zum Kultobjekt. 1973 folgte die Produktion von *Honigmond* und 1974 *Der Tätowierer und die Mondprinzessin* mit dazugehörigem Buch, in dem sich Georg Danzer zum ersten Mal auch als Maler profilierte. 1975 wurde *Danzer, Dean & Dracula* veröffentlicht, und ein erstes Zusammentreffen zwischen dem Manager Gerd Kämpfe und Georg Danzer fand statt. Als erstes Resultat dieser Zusammenarbeit kam die Single *Jö schau* auf den Markt, der die Langspielplatte *Ollas Leiwaund* folgte. 1976 wurde Georg Danzers „Hawelka-Hymne" *Jö schau* vergoldet und kürte ihn zum „Star of the Year" der Popmusik, was der Beginn seiner ‚Emigration' nach Deutschland war. In Berlin produzierte er 1977 seine Langspielplatte *Unter die Haut*, und Ende des Jahres erschien das Album *Ein wenig Hoffnung*, das 1978 mit einigen ausgetauschten Liedern unter dem Namen *Narrenhaus* nur in Österreich veröffentlicht wurde. 1979, nachdem Georg Danzers Mutter verstorben war, erschienen Produktionen wie *Feine Leute* und *Notausgang*, mit seinem Lied *Morgenrot* hatte er eine neue Hymne. Nach diesem Erfolg ging er im Jahr 2000 mit *Atemzüge* auf Tournee und veranstaltete zahlreiche Zusatzkonzerte. *Unveröffentlichte Lieder* und „Best-Of"-Alben wurden produziert und krönten seinen Erfolg abermals. Ausverkaufte Konzerte, immer wieder neue Veröffentlichungen und die Zusammenarbeit mit vielen weiteren Stars am Pophimmel trugen ihn durch die Jahre des Austropops. Im Jahr 2004 erschien sein neues Studio-Album *Persönlich*, mit einem neuen Programm ging er abermals auf Tournee. Noch im selben Jahr wurde *Jö schau* erneut vom österreichischen Publikum unter die zehn besten Lieder des Austropops gewählt. Im Mai 2005 erhielt er für das Album *Persönlich* den österreichischen Musikpreis „Amadeus". Georg Danzer wirkte als bedeutender Sänger auf zahlreichen Benefiz-Konzerten und bei Hilfsorganisationen mit. Im September 2005 kam sein Album *Von Scheibbs bis Nebraska* auf den Markt, vom Bürgermeister von Scheibbs wird Danzer zum „Ehrenscheibbser" ernannt. Am 31. März 2006 wurde er mit „Austria3" im Rahmen einer Galaveranstaltung von Radio Regenbogen in Karlsruhe mit dem „Goldenen Humanity-Award" ausgezeichnet. Anfang Mai erschien das Live-Doppelalbum *Gute Unterhaltung* mit vielen ungekürzten Titeln. Am 16. April 2007 fand das Jubiläumskonzert *Georg Danzer & Freunde* in der Wiener Stadthalle statt. Am 17. Mai erhielt Georg Danzer den „Amadeus für sein Gesamtschaffen", und am 18. Mai erschien seine CD *Raritäten II* mit seinen Schätzen aus fast vierzig Jahren Popmusik. Am 21. Juni 2007 verlor Georg Danzer den Kampf gegen Krebs, er verstarb im Kreise seiner Familie. Noch am 3. Oktober desselben Jahres feiert das Programm *Ich, Hackl …*, das er zusammen mit Joesi Prokopetz für Karlheinz Hackl geschrieben hatte, im Stadttheater Walfischgasse Premiere.

Heimito von Doderer wurde am 5. September 1896 in Weidlingau bei Wien in eine wohlhabende Familie geboren. Seine Herkunft gilt nicht nur dem Land Österreich, sondern erstreckt sich nach Deutschland über Frankreich bis nach Ungarn. Sein Vater machte sich als Erbauer von Gebirgseisenbahnen einen Namen. Gegen den Wunsch seines Vaters beschloss er nach seiner Heimkehr aus russischer Kriegsgefangenschaft Schriftsteller zu werden und studierte Geschichtswissenschaften in Wien. Er schloss das Studium 1925 mit einem Doktorat ab. 1923 erschien sein erster Gedichtband *Gassen und Landschaft*. Als 1938 sein erster Roman *Ein Mord, den jeder begeht* erschien, blieb ihm jedoch die Anerkennung als Schriftsteller noch versagt. Als er die Einberufung zur Wehrmacht im Zweiten Weltkrieg erhielt, unterbrach er seine Schriftstellerkarriere. Nach Kriegsende kehrte er wieder nach Wien zurück und nahm nicht nur seine literarische Laufbahn wieder auf, sondern wurde 1950 Mitglied des exklusiven Instituts für Österreichische Geschichtsforschung. 1952, nachdem er eine Verwandte des bekannten bayrischen Dichters Ludwig Thoma geheiratet hatte, lebte er abwechselnd in Landshut in Bayern und in Wien. Am 23. Dezember 1966 ist Heimito von Doderer in Wien gestorben und hinterließ beeindruckende Werke wie *Das Geheimnis des Reichs* (1930), *Die Strudlhofstiege* (1951) oder *Die totale Familie* (1962). Mit dem Roman *Die Strudlhofstiege* feierte Heimito von Doderer seinen Durchbruch. Seitdem werden auch seine Vorkriegswerke wieder gelesen, die Doderer zu einem der wichtigsten Autoren der österreichischen Literatur machen.

Rechte Seite:
Auch Bundespräsidenten haben das Hawelka schon von innen gesehen: Heinz Fischer bedankte sich für einen „bunten, schönen, interessanten Abend".

Ernst Fuchs wurde am 13. Februar 1930 in Wien geboren und ist Maler, Grafiker und Bildhauer. Er studierte von 1946 bis 1950 an der Akademie der bildenden Künste in Wien unter anderen auch bei Albert Paris Gütersloh. Ab 1948 war er Mitglied des Art-Clubs. Er gilt als einer der Hauptvertreter der Wiener Schule des Phantastischen Realismus. Seine Malkunst orientiert sich an Werken der Vergangenheit, vom Mittelalter bis in das 19. Jahrhundert. Die in meisterhafter Kleinarbeit ausgeführten Gemälde und Grafiken weisen eine starke religiöse und mythologische Symbolik auf. Um 1978 beginnt eine neue Phase seines Schaffens, die durch die Verwendung leuchtender Farben, durch einfachere Bildkompositionen und teilweise plakativ überzeichnete Gestalten der antiken und germanischen Mythologie charakterisiert ist.

Albert Paris Gütersloh (A. Conrad Kiehtreiber) wurde am 5. Februar 1887 in Wien geboren. 1912 war er als Korrespondent in Paris tätig und verbrachte die Jahre 1917/18 im Kriegspressequartier. Er war mit vielen richtungweisenden Persönlichkeiten gut bekannt und gab in den Jahren 1918/19 zusammen mit Franz Blei die Zeitschrift *Die Rettung* heraus. Danach arbeitete er als Schauspieler und Regisseur und wurde 1930 Professor an der Wiener Kunstgewerbeschule, bekam jedoch 1940 von den Nationalsozialisten Berufsverbot. 1945 bis 1962 war er Professor an der Akademie der bildenden Künste in Wien und wurde 1953 zum Rektor der Akademie. Solange der Art-Club bestand, agierte er in der Gruppe als Präsident und Lehrer und wurde zum geistigen Vater der Wiener Schule der Schule des Phantastischen Realismus. Sein literarisches Schaffen ist durch die Entwicklung vom expressionistischen Frühwerk zu einem sinnlich-barocken Stil gekennzeichnet. 1951 und 1961 erhielt er den Großen Österreichischen Staatspreis und 1967 das Österreichische Ehrenzeichen für Wissenschaft und Kunst. Am 16. Mai 1973 ist Albert Paris Gütersloh in Baden (Niederösterreich) verstorben.

André Heller wurde am 22. März 1947 in Wien in wohlhabende Verhältnisse geboren. Er besuchte die Jesuitenschule in Wien und ließ sich danach als Schauspieler ausbilden. 1967, als der Rundfunksender Ö3 gegründet wurde, wirkte er an der Programmgestaltung mit. Während dieser Zeit trat er bereits mehrmals als Liedermacher auf und wurde durch den Radiosender einem großen Publikum bekannt. Ende der sechziger und Anfang der siebziger Jahre gelang es ihm, seine Popularität noch zu erweitern. Als Interpret poetischer Liedertexte, die er in unverkennbarer

So ein bunter, schönen, interessanter Abend!!

Vielen Dank

Heinz 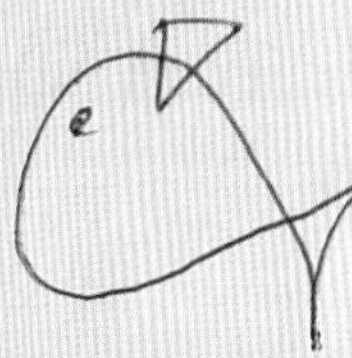 er

2/III/04

Alfred Hrdlicka, Studienzeichnung.

makaber-düsterer Aufmachung in typischem Wiener Dialekt präsentierte, verschaffte er sich bereits zu dieser Zeit hohe Anerkennung. 1968 brachte er seine erste Langspielplatte auf den Markt, worauf weitere Plattenproduktionen folgten, etwa *Die wahren Abenteuer sind im Kopf* und *Abendland* (1976), *Basta* (1978), *Verwunschen* (1980), *Stimmenhören* (1983) und die *Narrenlieder* (1985). Einen Namen machte er sich jedoch als Visionskünstler, indem er sich in der Umsetzung seiner märchenhaften Ideen verwirklichte und künstlerische Veranstaltungen, Happenings und Multimediashows veranstaltete. Das Bestreben seiner poetischen Visions-Eventshows war es, den Gegensatz zur Versachlichung der rationalen Welt, der modernen Technologie zu verdeutlichen. Mit dieser Intention ging er 1976 zum Zirkus Roncalli, um das Publikum unter dem Zirkuszelt zu verzaubern. Weitere Veranstaltungen folgten im Jahr 1981 im Varieté „Flic Flac". In den Jahren 1983 bis 1985 erregte er mit seiner Veranstaltung *Theater des Feuers* die begeisterte Aufmerksamkeit seines Publikums und bestätigte 1986 mit seinen Vorstellungen *Begnadete Körper* (Akrobatenshow) und *Drachenfisch, Halbmond und Traumstation* (Luftskulpturen) seinen Erfolg. Nach der Eröffnung seines

Vergnügungsparks „Luna, Luna" (1987) in Hamburg, in dem er moderne Kunst präsentierte, folgte im selben Jahr seine Clownparade *Lachenmachen* und die Veranstaltung *Body & Soul,* in der er die Kultur der Afroamerikaner vorstellte. 1990 führte André Heller sein Publikum durch das Varietéprogramm *Wintergarten,* das unter dem Titel *Wonderhouse* in New York am Broadway aufgeführt wurde. Nach seiner Präsentation der Monumentalskulptur *Bamboo Man* im Jahr 1992 in Hongkong versetzte André Heller 1993 sein Publikum mit dem Spektakel *Sein und Schein* am Wiener Burgtheater in die Welt der Illusion und begeisterte sein Münchner Publikum mit der Revue *Magneten.* 1995 inszenierte er für die Firma Swarovski die unterirdischen *Swarovski-Kristallwelten* in Innsbruck; 1997 realisierte er zum Thema „Asiatische Kultur" seine Vorstellung *Yume – Reise in eine magische Welt,* und 1998 präsentierte er auf einer Fläche von 15.000 m² in Essen das Projekt *Meteorit* in einer unterirdischen Halle, mit einer Kinderzone und Multimediashows. 2002 brachte Heller zusammen mit Othmar Schmiederer den Dokumentarfilm *Im toten Winkel – Hitlers Sekretärin* heraus. In seiner Laufbahn trat er auch vielfach als Schriftsteller hervor. Erschienen sind Werke wie *Es werde Zirkus* (1976), *Auf und davon, Das Jahr ohne Widerruf, Sie nennen mich den Messerwerfer* (1979) bis hin zu *Als ich ein Hund war* (2001). 2004 beteiligte sich Heller mit einem Riesenfußball in Form eines Globus an der Werbung für die Fußballweltmeisterschaft 2006. Sein öffentlich begehbarer Globus wurde als Raum für Ausstellungen, Happenings und weitere Events genutzt. Ebenfalls 2004 brachte er zusammen mit Othmar Schmiederer die Dokumentation *Jessye Norman* heraus und startete 2005 die erfolgreiche Show *Afrika! Afrika!*. Ob Visionär oder Selbstdarsteller – seine oft kostspieligen Projekte und Ideen, die stets durch Magisches und Traumhaftes verzaubern, feiern bis heute internationale Erfolge.

Alfred Hrdlicka wurde am 27. Februar 1928 in Wien geboren. Er ist ein bedeutender österreichischer Bildhauer, Zeichner, Maler, Grafiker und Schriftsteller. Von 1946 bis 1952 studierte er an der Akademie der bildenden Künste bei Albert Paris Gütersloh und Josef Dobrowsky. 1953 nahm er an der gleichen Akademie bei Fritz Wotruba das Studium zur Bildhauerei auf und organisierte 1960 zusammen mit Fritz Martinz seine erste Ausstellung, in der die beiden *Skulptur, Malerei und Grafik* in der Wiener Zedlitzhalle präsentierten. 1964 erlangte Alfred Hrdlicka auf der 32. Biennale in Venedig, auf der er zusammen mit Herbert Boeckl sein Heimatland vertrat, internationale Bekanntheit. 1966 erlebte Hrdlicka die Welt der psychisch kranken Menschen derart intensiv, dass er sich mit dem Leid, der Angst und dem Schmerz dieser Menschen künstlerisch auseinanderzusetzen begann. Er thematisiert die bedrückenden Lebensverhältnisse „kleiner Leute". „Macht und Ohnmacht" aus der Geschichte bis in die Gegenwart spiegeln sich in seinen künstlerischen Arbeiten wider. Infolge dessen dehnte Hrdlicka seine Themenbereiche auf weitere dunkle Seiten des menschlichen Handelns aus und agiert in seinen Werken gegen Krieg, Gewalt und Faschismus. Sein künstlerischer Ausdruck beruft sich darauf, alle erniedrigenden, geknechteten Verhältnisse umzuwerfen, indem er das „Unmenschliche" vollkommen ungeschminkt in seinen Kunstwerken darstellt. Seine Arbeiten sind figurativ-expressiv, und er verzichtet bewusst auf jede Art der ungegenständlichen Bildsprache. 1971 bis 1973 war Alfred Hrdlicka an der Staatlichen Akademie der bildenden Künste in Stuttgart als Professor für Bildhauerei tätig und wechselte im Anschluss an die Hochschule für bildende Künste nach Hamburg. 1975 kehrte er an die Akademie nach Stuttgart zurück und übersiedelte 1986 an die Universität der Künste nach Berlin, ehe er 1989 nach Wien an die Universität für angewandte Kunst zurückkehrte. Seit Mitte der siebziger Jahre arbeitet Hrdlicka mit dem Wiener Kunsthändler und Galeristen Ernst Hilger zusammen. Nach einem Schlaganfall kann er seine Bildhauerei nicht mehr ausüben. Stattdessen stellt er seine Anliegen in ausdrucksvollen Zeichnungen dar. Hrdlicka ist ein Prinzipienmensch und nimmt keine Ehrungen oder Orden an – seine Botschaft geht an die Menschheit.

Friedensreich Hundertwasser wurde am 15. Dezember 1928 in Wien als Friedrich Stowasser geboren. Er besuchte zunächst in Wien die Montessori-Schule. Nach bestandener Matura studierte er 1948 für drei Monate an der Akademie der bildenden Künste. 1949 nahm er den Namen Friedensreich Hundertwasser an. 1950 hielt er sich erstmals in Paris auf. Im September 1951 wurde er Mitglied des Art-Clubs, der 1952 seine erste Einzelausstellung in der Art-Club-Galerie im „Strohkoffer" zeigte. Er war kein Vertreter des Phantastischen Realismus und ging von Anfang an andere Wege. Seine Vorstellungen von Malerei wurden von ihm konsequent weiterentwickelt und perfektioniert. Die Unterschiede zu Ernst Fuchs und Arik Brauer werden auch im Frühwerk sehr deutlich. 1954 fand seine erste Pariser Ausstellung großen Anklang. 1959 unterrichtete er als Gastdozent an der Kunsthochschule in Hamburg. Proteste gegen die dort gezogene „Endlose Linie" führten zur Rücklegung dieser Lehrver-

Friedensreich Hundertwasser arbeitete in seinem Atelier am Graben 10. Ins Hawelka war es daher nicht einmal ein Katzensprung.

pflichtung. Die Hundertwasser-Präsentation im österreichischen Pavillon auf der venezianischen Biennale von 1962 brachte ihm den internationalen Durchbruch. Es folgten zahlreiche internationale Ausstellungen. Hundertwassers Malerei erschloss sich in den späten sechziger Jahren einem breiten Publikum. Ab 1967 entstanden farbige Grafiken und erste Metallprägungen. 1968 veröffentlichte er sein Manifest *Los von Loos*. Hundertwassers Werk ging in den folgenden Jahren buchstäblich um die Welt: 1975 in Australien und im Münchner Haus der Kunst. Die im selben Jahr in der Graphischen Sammlung Albertina in Wien gezeigte Ausstellung des grafischen Gesamtwerks ging zunächst in die USA auf Museums-Tournee. Im Musée d'Art Moderne de la Ville de Paris wurde seine Ausstellungs-Welttournee *Österreich zeigt den Kontinenten Hundertwasser* eröffnet. 1986 wurde das „Hundertwasser-Haus" in Wien fertiggestellt. Mit der Errichtung des Wohnhauses nach seinen eigenen Entwürfen in den achtziger Jahren und eines eigenen Museums in Wien wurde er zum weltweit bekannten Künstler. Seit 1991 ist Hundertwassers Œuvre im Kunst Haus Wien dauerhaft ausgestellt. Friedensreich Hundertwasser starb am 19. Februar 2000 an einem Herzversagen im Pazifischen Ozean, an Bord der *Queen Elizabeth II*.

Wolfgang Hutter wurde als Sohn von Albert Paris Gütersloh am 13. Dezember 1928 in Wien geboren. 1944 begann er seinen Kunstunterricht an der „Werkkunstschule" und wechselte 1945 zum Studium an die Akademie der bildenden Künste in Wien in die Meisterklasse seines Vaters und schloss es 1950 als diplomierter Künstler ab. Bereits 1947 war er Gründungsmitglied des österreichischen Art-Clubs, der noch im selben Jahr an einer Ausstellung in Rom teilnahm, woraufhin Hutter bei vielen in- und ausländischen Events seine Werke präsentierte. Innerhalb des Art-Clubs gründete er mit Ernst Fuchs, Rudolf Hausner und anderen die „Surrealistische Gruppe" und war auch Gründungsmitglied der Wiener Schule des Phantastischen Realismus. 1958 durfte er den Preis der Stadt Wien für Malerei entgegennehmen und wirkte nach der Ausstellung im Oberen Belvedere (1959) bei allen wichtigen Veranstaltungen der Wiener Schule des Phantastischen Realismus aktiv mit. 1966 bis 1996 war er an der Hochschule für angewandte Kunst in Wien tätig und wurde 1974 Professor an diesem Institut. Wolfgang Hutters spezielle Bilderwelt ist gekennzeichnet durch künstliche Gärten und märchenhafte Szenen, detailliert und in technischer Perfektion ausgeführt.

Künstler aus dem Weinviertel:
Karl Korab.

Karl Korab wurde am 26. April 1937 in Falkenstein im Weinviertel in Niederösterreich als Sohn eines Försters geboren. Seit frühester Kindheit wollte er Maler werden und besuchte zunächst das Gymnasium in Laa und wechselte dann ans Gymnasium nach Horn. Im Widerspruch zu seinem Vater entschied er sich, nach seiner Matura nach Wien zu gehen und an der Akademie der bildenden Künste das Studium bei Sergius Pauser aufzunehmen, anstatt wie sein Vater Förster zu werden. Bereits im ersten Akademiejahr erhielt er den Meisterschulpreis und die Goldene Füger-Medaille. Ab 1959 agierte er um die damals in der Malerei stark prägende Gruppe der Wiener Schule des Phantastischen Realismus. 1964 beendete er seine Studienzeit und erhielt für seine Diplomarbeit den Abgangspreis der Akademie der bildenden Künste. 1968 schuf er für die Komödianten am Börseplatz das Bühnenbild zu Arthur Schnitzlers Stück *Zum großen Wurstl* und entwarf dafür auch die Kostüme. Im Jahr 1969 begann Karl Korab mit verschiedenen Materialien und Darstellungsformen wie Druckgrafik, Siebdruck und Lithografie zu experimentieren. In den Werken des im kleinen Waldviertler Ort Sonndorf in der Stadtgemeinde Maissau lebenden Künstlers finden das Stillleben, Landschaften, maskenhafte Köpfe und das Interieur starken Ausdruck. In Zusammenarbeit mit verschiedenen Galerien, vor allem mit der Galerie Ernst Hilger, wurden seine Werke bekannt und fanden in der Öffentlichkeit großen Zuspruch.

Anton Lehmden wurde am 2. Jänner 1929 in Nitra (Slowakei) geboren. Der Maler und Grafiker ist ein bedeutender Vertreter der Wiener Schule des Phantastischen Realismus. 1945 kam er nach Wien, studierte hier an der Akademie der bildenden Künste bei Albert Paris Gütersloh, beteiligte sich ab 1948 an Ausstellungen des Wiener Art-Clubs und konnte seine Bilder auch bald bei internationalen Ausstellungen präsentieren. 1962/63 lehrte er in Istanbul und 1971 bis 1997 unterrichtete er als Professor an der Akademie der bildenden Künste in Wien. Die Technik Lehmdens fußt auf dem Vorbild alter Meister; in seinen Bildern kehren vorwiegend Kriegsereignisse, Naturkatastrophen und Landschaften als Themen wieder. 1966 erwarb Lehmden das Renaissanceschloss Deutschkreutz im Burgenland, an dessen Restaurierung er seither arbeitet. In seinen Werken berühren einander zwei große Entwicklungsäste der europäischen Malerei, die er beide in hervorragender Weise zu verbinden weiß.

Jörg Mauthe wurde am 11. Mai 1924 in Wien geboren und studierte nach seiner Matura Kunstgeschichte und Germanistik. 1947 begann er als Journalist zu arbeiten, promovierte 1948 zum Dr. phil., war ab 1950 als Kunsthistoriker für die Wochenzeitung *Die Furche* tätig. Er wurde Leiter der Abteilung „Wort“ des Senders *Rot-Weiß-Rot* und arbeitete dort mit dem Regisseur Walter Davy und der Schriftstellerin Ingeborg Bachmann zusammen. 1955 wechselte er als Kulturredakteur zur *Presse*. 1950 bis 1955 war er für die Radiofamilie Floriani zuständig und 1967 bis 1974 betreute er die kritische Radio-Wochensatire *Der Watschenmann*. 1975 schrieb er für den *Kurier* als Kolumnist und war parallel dazu seit 1967 beim ORF als Kulturredakteur und Programmplaner tätig, wo er auch an den Drehbüchern der TV-Serien *Familie Leitner* in den sechziger Jahren und der *Familie Merian* in den Achtzigern mitwirkte. Neben seinen Tätigkeiten als Journalist, Schriftsteller und Kulturpolitiker setzte er sich als Stadtpolitiker besonders für die Stadtbilderhaltung und Denkmalpflege, die Wiederbelebung des echten Wienerlieds, die Beislkultur der Stadt und für die Neue Wiener Küche ein. Bis heute gilt er als der geistige Vater der Grätzlfeste und des Wie-

Schuf Druckgrafiken, Zeichnungen und Aquarelle: Kurt Moldovan.

ner Stadtfests. Seine literarischen Werke setzen sich vorwiegend mit seinem Heimatland, immer wieder auch mit der Frage nach dem Österreichischen und Wienerischen auseinander, was sich besonders in seinen Werken *Die große Hitze* und *Die Vielgeliebte* widerspiegelt. Vor seinem Tod am 29. Jänner 1986 verfasste er noch das autobiografische Werk *Demnächst*.

Kurt Moldovan wurde am 22. Juni 1918 in Wien geboren. Stets geprägt von seinen künstlerischen Interessen und Begabungen gab er 1938 seinen erlernten Beruf als Feinmechaniker auf und begann an der Wiener Kunstgewerbeschule, der heutigen Universität für angewandte Kunst, das Studium der Gebrauchs- und Illustrationsgrafik. Im Zweiten Weltkrieg diente er als Soldat an der Ostfront; während dieser Zeit zeichnete er und schrieb Gedichte; 1945 inskribierte er an der Wiener Akademie der bildenden Künste in der Eliteklasse von Sergius Pauser und besuchte zusätzlich die abendlichen Vorlesungen bei Herbert Boeckl. Ab 1947 nahm er als

Gründungsmitglied des Art-Clubs regelmäßig an internationalen Ausstellungen teil. Seine erste Auszeichnung erhielt er 1949 von der Gesellschaft zur Förderung moderner Kunst, und seine Werke wurden durch erste Ankäufe von der Albertina und Monsignore Otto Mauer öffentlich präsentiert. 1950 folgte die Teilnahme an der Biennale von Venedig, wo seine Werke von höchster Stelle Anerkennung fanden. Danach präsentierte er seine Kunst 1954 auf der „Biennale von São Paulo“ und 1958 auf der Ausstellung des „Österreich-Pavillons“ bei der „Weltausstellung in Brüssel“. Noch im selben Jahr wurde Kurt Moldovan für sein künstlerisches Schaffen von der Stadt Wien ausgezeichnet. Er unternahm Studienreisen quer durch Europa und nach Übersee und ließ sich für einige Monate in New York nieder. Seine Werke setzen sich aus Druckgrafiken, Zeichnungen und Aquarellen zusammen, deren Inhalt stets vom politischen, mythologisch-facettenreichen Leben geprägt ist. Stadt und Land nehmen in seinen Werken eine bedeutende Stellung ein, um dem Betrachter die Atmosphäre und das Ambiente so nahe wie möglich zu bringen. 1968 erhielt der Künstler den Großen Österreichischen Staatspreis, 1970 erfolgte seine Aufnahme in den Österreichischen Kunstsenat. Am 16. September 1977 ist Kurt Moldovan in seiner Heimatstadt verstorben.

Helmut Qualtinger wurde am 8. Oktober 1928 in Wien geboren. Nach seiner Matura begann er ein Medizinstudium, das er allerdings wieder aufgab. Als Journalist schrieb er vorerst Texte für Kabaretts und Theater und lieferte für die *Welt am Abend* filmkritische Beiträge. 1946 rief er die Studentenbühne „Studio der Hochschulen“ in Wien ins Leben. Bereits zwei Jahre später wurde sein Bühnenstück *Jugend vor Schranken* in Graz uraufgeführt, das ein Skandal wurde. In den fünfziger Jahren wurde er Mitglied der Kabarettgruppe „Bronner, Merz und Kehlmann“ und schrieb zusammen mit Carl Merz mehr als 100 Kabarettstücke. Titel wie *Brettl vorm Kopf* oder *Dachl überm Kopf* entpuppten sich als Erfolgsaufführungen und das Stück *Glasl vorm Aug* brachte die Kabarettgruppe ins Fernsehen. 1961 veröffentlichte Helmut Qualtinger zusammen mit Carl Merz das satirische Ein-Mann-Stück *Der Herr Karl*. Helmut Qualtinger selbst übernahm die Rolle des spießbürgerlichen Herrn Karl. Anfangs stieß das ungewöhnliche Stück auf Ablehnung und Empörung, entwickelte sich aber zu einem großen Erfolg. Den *Herrn Karl* gab es in weiterer Folge auf Schallplatte, und er wurde auch im Fernsehen übertragen. Weniger erfolgreich war das satirisch-groteske Drama *Die Hinrichtung*, das Helmut Qualtinger ebenfalls zusammen mit Carl

Helmut Qualtinger hatte auf der Bühne und vor der Kamera viele Gesichter. Die Rolle des Kaffeehausbesuchers war ihm förmlich auf den Leib geschrieben.

Kunst aus dem Unbewussten: Franz Ringel

Merz verfasste und das im März 1965 im Wiener Volkstheater uraufgeführt wurde. Helmut Qualtinger spielte weiterhin in zahlreichen Theater- und Fernsehaufführungen, denen literarische Vorlagen zugrunde lagen. Mit Stücken von Johann Nestroy, Ödön von Horváth und Karl Kraus ging Qualtinger auf Deutschlandtournee. Im Jahr 1969 wirkte er im Fernsehfilm *Kurzer Prozess* mit und spielte in dieser Zeit noch zusätzlich den Titus Feuerfuchs in Nestroys *Talisman* am Wiener Volkstheater. 1970 war Helmut Qualtinger in der sechsteiligen Verfilmung *Die Berufe des Herrn K.* als Hauptdarsteller zu sehen. Ebenfalls übernahm er im selben Jahr die Hauptrolle in Shakespeares *König Johann* (umgearbeitet von Friedrich Dürrenmatt). 1971 wirkte er im Fernsehspiel *Das vierte Gebot* (Ludwig Anzengruber) mit und wurde für seine Rolle als Anselm Eibenschütz in der verfilmten Erzählung *Das falsche Gewicht* von Joseph Roth mit der Goldenen Kamera ausgezeichnet. Darauf folgten Lustspiele wie *Der zerbrochene Krug*, Tournee- und Lesereisen durch Deutschland und Österreich. 1973 feierte Helmut Qualtinger sein Regie-Debüt bei der Aufführung des Schauspiels

Oberösterreich von Franz Xaver Kroetz. In weiterer Folge inszenierte er das Stück *Tod in Miami* von Gert Hofmann und spielte gleichzeitig in der Verfilmung *Krankensaal 6* von Anton Tschechow. 1980, als Helmut Qualtinger abermals von einer Tourneereise nach Wien zurückkehrte, spielte er am Schauspielhaus und wirkte an den Wiener Festwochen als erfolgreicher Regisseur des Stückes *Die Unüberwindlichen* von Karl Kraus mit. Daraufhin übernahm er die Rolle des Theobald Maske in dem Stück *Die Hose* von Carl Sternheim am Wiener Volkstheater und startete 1981 eine Tourneereise durch die USA. Seine letzte Rolle spielte er im Jahr 1985 an der Seite von Sean Connery als Kellermeister Remigio da Varagine in der berühmten Verfilmung von *Der Name der Rose* nach der Romanvorlage von Umberto Eco. Am 29. September 1986 verstarb Helmut Qualtinger in Wien. Der Österreicher bleibt als Schauspieler, Kabarettist und Schriftsteller unvergessen. Sein unverkennbarer Wiener Dialekt trug dazu bei, seinem Publikum das Abbild des Wieners in unverfälschter Art und Weise nahezubringen.

Auch Arnulf Rainer ist mit einer Radierung im Café Hawelka vertreten.

Arnulf Rainer wurde am 8. Dezember 1929 in Baden bei Wien geboren. Er ist ein Maler der durch seine Übermalungen Bekanntheitsgrad erlangt hat. 1940 bis 1944 besuchte er die Nationalpolitische Erziehungsanstalt in Traiskirchen und verließ die Schule nachdem er von einem Kunsterzieher gezwungen wurde, nach der Natur zu zeichnen. Ab 1947 besuchte er auf Wunsch seiner Eltern die Staatsgewerbeschule (Hochbau) in Klagenfurt und machte 1949 seinen Abschluss. Noch im selben Jahr wurde er an der Akademie für angewandte Kunst in Wien aufgenommen – verließ die Akademie aber bereits nach einem Tag wieder und ging an die Akademie für bildende Künste, die er aber ebenfalls nach drei Tagen erneut verließ. Zusammen mit Ernst Fuchs, Anton Lehmden, Arik Brauer, Wolfgang Hollegha, Markus Prachensky und Josef Mikl gründete er 1950 die „Hundsgruppe“ und stellte seine Werke 1951 zum ersten und auch zum letzten Mal aus. 1953 lernte er den katholischen Priester Monsignore Otto Mauer kennen und unterstützte 1954 dessen neu eröffnete Galerie in St. Stephan, indem er die österreichische Avantgarde entscheidend förderte. 1955 folgte Rainers erste Einzelausstellung und er gründete 1956 zusammen mit Wolfgang Hollegha, Markus Prachensky und Josef Mikl die Malergruppe „Galerie St. Stephan“ unter der Leitung Otto Mauer. 1959 rief er zusammen mit Ernst Fuchs und Friedensreich Hundertwasser das „Pintorarium“ als „Creatorium“ zur Einäscherung der Akademie“. 1966 bekam er den „Österreichischen Staatspreis“ für Grafik

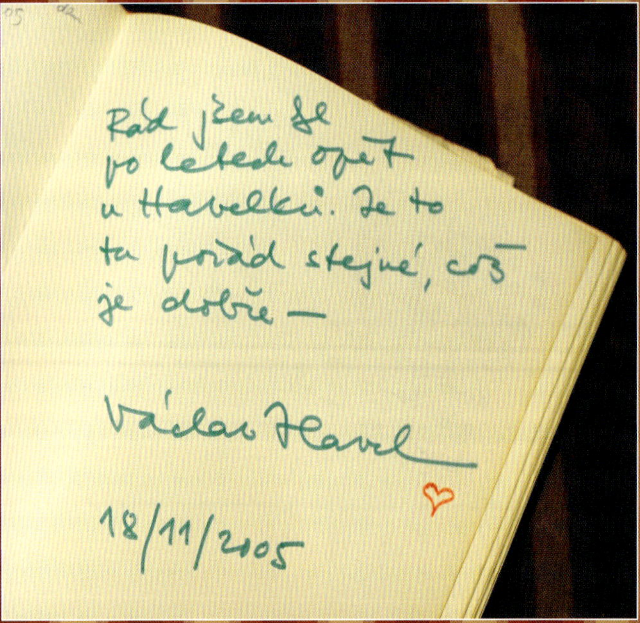
Rád jsem šel
po letech opět
u Havelků. Je to
tu pořád stejné, což
je dobře —
Václav Havel
18/11/2005

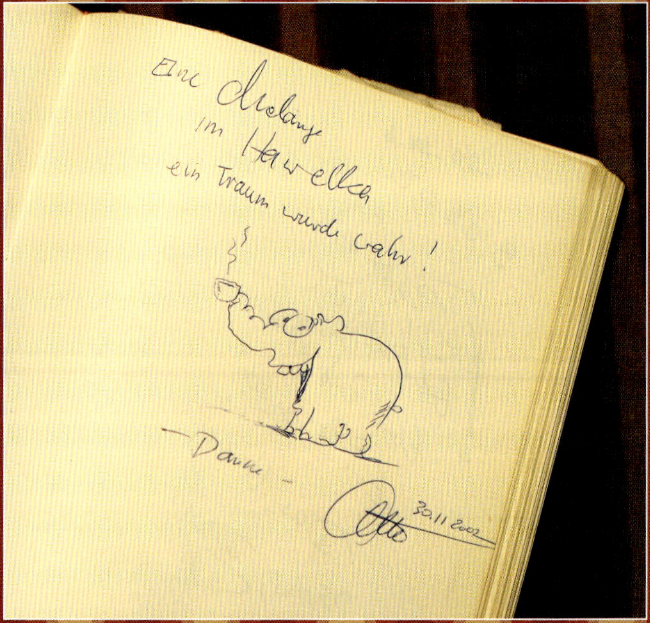
Eine Melange
im Hawelka
ein Traum wurde wahr!
— Danke —
Otto
30.11.2002

HERZLICHST
WIEN 31.1.2002
RONCALLI

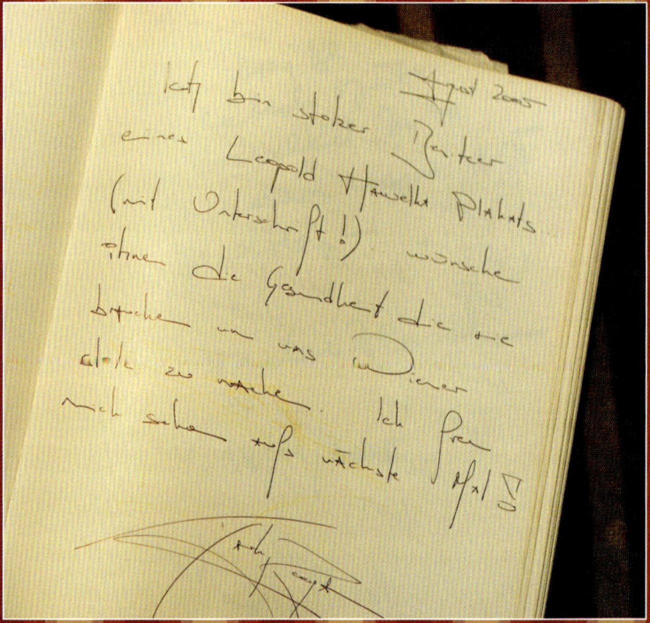
Ich bin stolzer Besitzer
eines Leopold Hawelka Plakats
(mit Unterschrift!)
August 2005

und 1978 den „Großen Österreichischen Staatspreis". 1980 erwarb Rainer seine Ateliers in Oberösterreich und Bayern. 2006 wurde ihm das Ehrendoktorrat in Linz verliehen und noch im selben Jahr auch der „Aragón-Goya Preis" für sein Lebenswerk „Francisco de Goya". Seit 27. September 2009 ist in Baden bei Wien das „Arnulf Rainer Museum" geöffnet.

Linke Seite: Eintragungen mit herzlichen Widmungen: Václav Havel, Otto, Bernhard Paul und Markus Rogan.

Franz Ringel wurde am 1. April 1940 in Graz geboren. Er lebt und arbeitet in Wien. Franz Ringel war 1968 Gründungsmitglied der Gruppe „Wirklichkeiten". In der gleichnamigen Ausstellung in der Wiener Secession erregten seine Werke großes Aufsehen. Franz Ringel bevorzugte es, seine Motive menschlicher Figuren aus den Tiefen des menschlichen Unbewussten oder aus der klassischen griechischen Literatur darzustellen. Für Aufsehen sorgten die zahllosen Gliedmaßen seiner menschlich dargestellten Kasperlfiguren und die kräftigen, dick aufgetragenen Farben. 1980 änderte Franz Ringel seine Signatur auf „M.J.M. Ringel" und erweiterte seine Motive von „art brut" bis „Köpfe". Zahlreiche Ausstellungen, vorwiegend in Österreich bzw. mit österreichischen Organisatoren machen bis heute seine Werke präsent und bekannt.

Friedrich Torberg (Friedrich Kantor-Berg) wurde am 16. September 1908 in Wien geboren und verstarb am 10. November 1979. Er war ein Erzähler, Essayist, Kritiker und Übersetzer. 1938 pendelte er als Publizist und Theaterkritiker zwischen Wien und Prag, flüchtete anschließend über die Schweiz nach Frankreich und 1940 weiter in die Vereinigten Staaten, wo er als Drehbuchautor in Hollywood und New York lebte. 1951 kehrte er nach Wien zurück, war 1954 Mitbegründer und bis 1961 auch Herausgeber der Monatszeitschrift *Forum*. Aus dem Nachlass gab er 1957–1963 die Gesammelten Werke von Fritz von Herzmanovsky-Orlando heraus. Der Durchbruch gelang Torberg bereits 1930 mit seinem Roman *Der Schüler Gerber hat absolviert*, der 1954 unter dem Titel *Der Schüler Gerber* neu aufgelegt wurde. In diesem Werk entwirft Friedrich Torberg das Psychogramm eines Gymnasiasten, der Selbstmord begeht. In seinen beiden Erzählbänden *Der Untergang des Abendlands in Anekdoten* (1975) und *Die Erben der Tante Jolesch* (1978) erinnert er sich an die versunkene Welt des jüdischen Bürgertums der Zwischenkriegszeit. 1976 erhielt Friedrich Torberg das Österreichische Ehrenzeichen für Wissenschaft und Kunst, 1979 wurde ihm der Österreichische Staatspreis verliehen.

Hans (Julius) Weigel wurde am 29. Mai 1908 in Wien geboren und verstarb am 12. August 1991 in Maria Enzersdorf in Niederösterreich. Er war Theaterkritiker, Schriftsteller und der Lebensgefährte von Elfriede Ott. Bis 1938 arbeitete er an Kleinkunstbühnen in Wien mit und verbrachte anschließend die Zeit von 1938 bis 1945 im Schweizer Exil. Nachdem er 1946 nach Wien zurückgekehrt war, begann er seine Tätigkeit als Theaterkritiker. In erster Linie schrieb er für das *Neue Österreich* und den *Kurier*. Hans Weigel gilt auch als Entdecker von Ingeborg Bachmann und Gerhard Fritsch. Er war Herausgeber der Anthologienreihe *Stimmen der Gegenwart* (1951 – 1954) und förderte damit sehr viele junge Autoren. Als Sprachkritiker sah er sich in der Tradition österreichischer sprachskeptischer Autoren – vor allem in seinem Werk *Die Leiden der jungen Wörter* (1974).

Oskar Werner wurde am 13. November 1922 in Wien-Gumpendorf als Oskar Josef Bschließmayer geboren. Seine Kindheit verbrachte er in bescheidenen Verhältnissen, vorwiegend bei seiner Großmutter. Nach seiner Volksschulzeit besuchte er die Realschule und wirkte bei Schulaufführungen mit. 1937/38 präsentierte er sich erstmals im Kabarett *Der Beißkorb* und im Theater *Die Insel* als talentierter Bühnendarsteller. 1939 kam er durch einen Onkel zum Film und erhielt kleine Sprechrollen in Filmen wie *Hotel Sacher*. Demzufolge nahm er Sprechunterricht und bekam Engagements in Rundfunk, Kabarett und am Theater. 1941 feierte Oskar Werner durch die Vermittlung seines Mentors Werner Krauß sein Debüt am Wiener Burgtheater, wurde allerdings im Oktober desselben Jahres zum Wehrdienst eingezogen, erhielt aber die Erlaubnis, weiterhin am Burgtheater aufzutreten. Daraufhin folgte in der zweiten Hälfte der vierziger Jahre eine Vielzahl an Rollen an verschiedenen Wiener Theatern. 1946 nahm Oskar Josef Bschließmayer endgültig den Künstlernamen „Oskar Werner" an. 1947 folgten Gastspiele bei den Salzburger Festspielen, am Wiener Volkstheater und am Raimundtheater in Wien. Nach seinem ersten Spielfilm *Der Engel mit der Posaune* (1948) war er auch regelmäßig auf der Kinoleinwand zu sehen und überzeugte 1949 in seiner Rolle als Beethoven-Neffe Karl. 1950 erhielt Oskar Werner einen Hollywoodvertrag und machte in Übersee mit dem Film *Entscheidung vor Morgengrauen* seinem Namen alle Ehre. Noch im Laufe der fünfziger Jahre wurde er als einer der ersten Schauspieler seiner Generation gefeiert. Genauso berühmt wie seine Person wurde in diesen Jahren seine Stimme, die mit ihrer sanften, fast hypnotischen Melodie das Publikum für sich einnahm. Ganz besonders kam dies in zahlreichen

Hörspielproduktionen, für die er sehr gerne als Sprecher engagiert wurde, zum Ausdruck. In den sechziger Jahren gelang ihm dann der endgültige internationale Durchbruch mit Filmen wie *Das Narrenschiff*, für das er 1965 den New York Film Critics Circle Award und eine Oscar-Nominierung als bester Hauptdarsteller erhielt, und *Fahrenheit 451*. 1966 erhielt er den Golden Globe für *Der Spion, der aus der Kälte kam*, in den Siebzigern wirkte er in einer *Columbo*-Folge mit, und 1976 drehte er seinen letzten Film *Reise der Verdammten*. In den Achtzigern folgten dann noch vorwiegend Rezitationsabende und Lesungen; vor Beginn einer weiteren Rezitationstournee durch Deutschland verstarb er am 23. Oktober 1984 im Hotel „Europäischer Hof" in Marburg an der Lahn. Eine Gedenktafel in der Marchettigasse und ein nach ihm benannter Platz im Bereich Millergasse/Garbergasse im 6. Wiener Gemeindebezirk erinnern an den bedeutenden österreichischen Film- und Bühnendarsteller, der sich durch seine Rollen weltweit unsterblich gemacht hat.

INSTITUTIONEN UND ARCHITEKTUR

Kaffee Kompetenz Zentrum Wien: Garant für den – auch internationalen – Erfolg des Kaffee Kompetenz Zentrums ist sein Gründer Edmund Mayr. Er gilt nicht nur als Legende des Kaffees – er ist der Spezialist für alles, was mit dem Thema Kaffee zu tun hat. Der Kaffee ist ein weltweit verbreitetes Genussmittel, das in unzähligen Geschmacksrichtungen von den unterschiedlichsten Konsumenten konsumiert wird. Ein magisches Getränk, bei dem es auf die sensible Art der Zubereitung ankommt. Edmund Mayr hat sich der Leidenschaft zum Kaffee verschrieben und ist ein Schulungsexperte, der in seinen Seminaren mit der Liebe zum Kaffee und jede Variation davon zu einem vollendeten Kunstwerk des Genusses werden lässt, der bereits beim Anbau der Pflanze und ihrer Verarbeitungsart beginnt. Mit seiner Erfahrung, Experimentierfreude und seinem Wissen auf höchstem Fachniveau bildet er Gastronomen, Fachschüler, Baristas und private Kaffeeliebhaber aus und beantwortet die Standardfrage: „Was muss man über Kaffee, seine Herstellung und Zubereitung wissen, um ihn als Magie in die Tasse zu bringen?" mit seinem nuancenreichen Wissen niemals in der Theorie, sondern nur in der Praxis. Die Ausbildungsangebote des Kaffee Kompetenz Zentrums sind vom „Stadtschulrat Wien", von der „WK-Fachgruppe Wien der Kaffeehäuser" und der „WK-Fachgruppe Wien Gastronomie" anerkannt.

Rechts: Maria-Luise Marjan, Mutter Beimer aus der Lindenstraße, Literaturkritiker Marcel Reich-Ranicki, Thomas D. von den „Fantastischen Vier" und der Architekt Thies Thiessen.

Die Ausbildung zum Kaffee-Experten erfolgt nach den Richtlinien und auf Basis der Mitgliedschaft in der „SCAE2" (Speciality Coffee Association of Europe) und in Kooperation mit der „Vienna School of Coffee". Edmund Mayrs Workshops sind nach Ausbildungszielen klassifiziert und werden durch seine Fachkompetenz zu Update-Veranstaltungen eines jeden einzelnen Besuchers. So bietet das „Basis-Kaffeeseminar" einen optimalen Einstieg in die wunderbare Welt des Kaffeegenusses, das „Profi-Kaffeeseminar" eine Vertiefung des im „Basis-Kaffeeseminar" bereits erworbenen Wissens, „Barista-Workshops" machen die Besucher zur Fachkraft an der Espressomaschine, in „Fachseminaren" werden ausschließlich Fachschüler durch individuelle Lehrprogramme geführt und das „Spezial-Kaffeeseminar" bringt noch mehr Wissen und dadurch mehr Umsatz für jeden Gastronomen und die branchennahen Gruppen werden auf Wunsch auch vor Ort in Betrieben durchgeführt. Edmund Mayr ist auch Kurator des Kaffeemuseums im 5. Wiener Gemeindebezirk. Im Jahr 2003 hat er es in der Vogelsanggasse im Österreichischen Gesellschafts- und Wirtschaftsmuseum gegründet. „Ein Kulturgut ersten Ranges bedarf musealer Aufmerksamkeit", meint er. Edmund Mayr ist ein leidenschaftlicher Sammler. In fast 50 Jahren hat er seinen „Schatz" zusammengetragen und lässt keinen Aspekt des „Kaffeephänomens" offen. Der Großteil seiner Ausstellungsexponate stammt aus seinem Privatbesitz, den er dem Kaffeeliebhaber nicht vorenthalten will. Die Besucher spazieren durch Schauräume zwischen Kaffeemaschinen, Kaffeemühlen und teils exotischen Zubehörartikeln aus allen Jahrhunderten und allen Weltkulturen, zu denen Edmund Mayr jeweils unzählige Geschichten und Historisches zu erzählen weiß.

Adolf Loos wurde am 10. Dezember 1870 in Brünn geboren, studierte in Dresden, hielt sich 1893 bis 1896 in den USA auf und ließ sich anschließend in Wien nieder, wo ihn die Theorien des bekannten Architekten Otto Wagner sehr stark beeinflussten. Adolf Loos selbst bezeichnete sich als „Böhmischer Wiener". Er zählte zu den Stammgästen im Café Central, wo er 1899 den Auftrag bekam, ein außergewöhnliches Wiener Kaffeehaus zu entwerfen. Das von Adolf Loos entworfene Café Museum ist heute aber bei weitem nicht mehr im Originalzustand. Um die Jahrhundertwende stellte sich Adolf Loos gegen den Jugendstil und damit auch gegen die so genannte Wiener Architekturwerkstätte. Er erklärte das „Ornament", das ein Markenzeichen für Wiens Baustil darstellt, zu einem Verbrechen. „Nur die amerikanische Kultur hat eine Existenzberechtigung", interpretierte Adolf Loos seinen damals vom Volk sehr

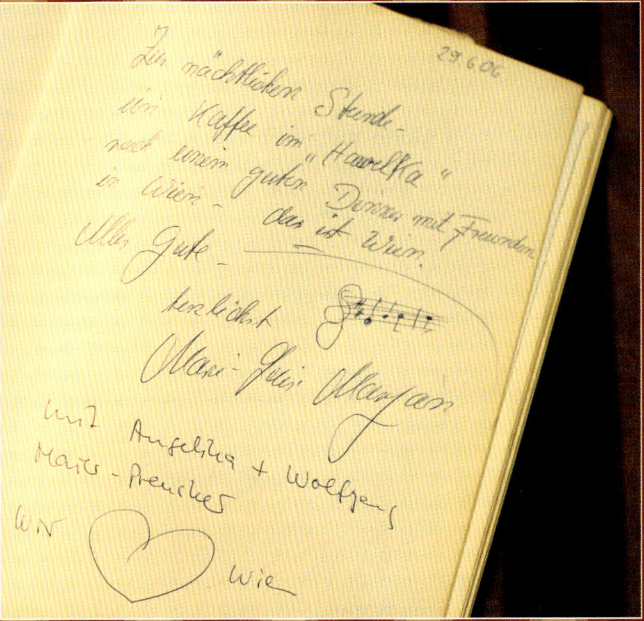
29.6.06
Zu nächtlichen Stunden
ein Kaffee im „Hawelka"
nach einem guten Dinner mit Freunden
in Wien – das ist Wien.
Alles Gute –
herzlichst
Marie-Luise Marjan
mit Angelika + Wolfgang
Mairs-Prenches
wir ♥ Wien

Wieder einmal im
nunschon alten Hawelka
28.10.06
(MARCEL REICH-RANICKI)

Hier, wo die Geschichk
lebt, nehme ich die
Jnspiration dankend entgegen
nd versuche meine Teil
zurück zu geben
Danke
Dafür
Thomas

Mit vielem Dank für einige schöne Vormittage.
Thies Thiessen.
Hamburg
am 7.9.96

angezweifelten Baustil. Eine heftige öffentliche Diskussion entbrannte in Wien um das Geschäftshaus „Goldmann und Salatsch“ am Michaelerplatz, das er in der Zeit von 1909–1911 errichtete. Von den erbosten Wienern wurde es als das „Haus ohne Augenbrauen“ bezeichnet. Heute stellt dieses Bauwerk eine Art Denkmal für Adolf Loos dar und ist als das „Loos-Haus“ bekannt. Etwa zur selben Zeit (1904–1910) schuf Loos private Villen, anhand derer er seinen „Raumplan“, in dem er den Schwerpunkt auf die Verteilung der Räume über dem Grundriss, in Größe und Volumen ihrer Funktion entsprechend, ausarbeitete. Die äußere Form seiner Villen entwickelte Loos in seiner Spätzeit immer mehr zum klaren Kubus. In der Zeit von 1907 bis 1908 erbaute er die heute unter Denkmalschutz stehende Loosbar, ein winziges herrliches Lokal im Kärntner Durchgang. Das gesamte Ambiente wirkt unerhört reich und dabei gar nicht überladen. Geschickt verwendete Spiegel lassen den Innenraum dreimal so groß erscheinen, als er tatsächlich ist. Sein bekanntestes Projekt ist ein Hochhaus in Form einer Dorischen Säule. Mit diesem ganz seiner Art entsprechenden Kunstwerk gewann er 1922 den Wettbewerb für das Bürohaus der *Chicago Tribune*. 1924–28 lebte Adolf Loos in der Szene der Pariser Avantgarde. Seine Entwürfe und seine Schriften prägten die Entwicklung der Architektur im 20. Jahrhundert nachhaltig. Maßgeblich für diesen Architekturumschwung wurde Adolf Loos durch sein eigenes Beispiel. Energisch wandte er sich abermals gegen jegliches Ornament und trat für seine funktionierende, zweckmäßige Architektur ein. Die noble Nüchternheit und vornehme Strenge seines Außenbaus wurde im Inneren durch erlesene Materialien wie Marmor, seltene Hölzer und Edelmetalle in bester handwerklicher Verarbeitung veredelt. Das Herrengeschäft am Graben 13 zeichnet sich durch seine fabelhafte Architektur aus. Ebenso wie in der Architektur trat Loos im Kunstgewerbe für praktische, nützliche Einfachheit und beste Materialien ein. Das Material sollte auch in diesen Bereichen Verzierungen und Ornamente ersetzen und in sich selbst die Zier des Werkes durch Holzmaserungen und edle Beschaffenheit darstellen. Aus dem engen Zusammenhang der Architektur und des Kunstgewerbes ist der Jugendstil entstanden. Obwohl Adolf Loos der bedeutendste Architekt der Wiener Moderne gewesen ist, hat er gerne von sich behauptet, er sei ein Maurer. Adolf Loos verstarb am 23. August 1933 in Wien. In Wien gilt Adolf Loos bis heute als der „rebellische Architekt“. Ohne Zweifel war er ein Verfechter der modernen Kunst – doch trotz all seiner Eigenheiten verstand er es, sich beim Volk beliebt zu machen. Loos galt als der beste kunstbegeisterte Reklamemacher in Wien. Wie für viele andere engagierte er sich sehr für die Karriere des Malers Oskar Kokoschka und des Komponisten Arnold Schönberg. Seit 1992 wird der von der Raiffeisenlandesbank Niederösterreich-Wien gestiftete Adolf-Loos-Architekturpreis verliehen.

Adolf-Loos-Bauschule: Es war Rudolf Michael Schindler, der die Auseinandersetzungen um Adolf Loos und dessen Haus am Michaelerplatz in die Wagner-Schule hineingetragen hatte. Er schlug Otto Wagner vor, Loos als seinen Nachfolger zu empfehlen. Mit einigen Wagner-Schülern, vermutlich mit Hans Fritz, Franz Kaym, Rudolf Weiss und Rudolf Wondracek, deren drittes, abschließendes Studienjahr durch die zögernde Haltung des Ministeriums in der Nachfolgefrage gefährdet war, suchte er Loos auf, um ihn zur Kandidatur zu bewegen. – „Ein Lichtstrahl in meinem Leben! Einige Wagner-Schüler, meiner Meinung nach die besten, ersuchten mich, für die verwaiste Lehrkanzel Otto Wagners zu kandidieren. Selbstverständlich war ich von der Erfolglosigkeit eines solchen Beginnens überzeugt. Aber das Vertrauen unserer besten Jugend gab mir die Kraft, meine eigene Schule ins Leben zu rufen." Am 12. Juli 1912 erschien auf der Kulturseite des *Pester Lloyd* ein erster Bericht über die bevorstehende Eröffnung der Adolf-Loos-Bauschule: „Da bei der eben erfolgten Besetzung der Otto-Wagner-Schule an der Wiener Akademie der bildenden Künste (Otto Wagner absolviert sein Ehrenjahr) Adolf Loos vollkommen übergangen, ja überhaupt nicht einmal vorgeschlagen wurde, traten die jungen Wiener Architekten der Wagner-Klasse an den Architekturkünstler, mit dem Wunsch nach einer stärkeren und regeren Propagierung seiner Ideen, heran. Und so entschloss sich Adolf Loos, im Herbst desselben Jahres eine nicht auf Gewinn berechnete, lediglich der Renaissance der Wiener Baukunst dienende, private Architekturschule zu eröffnen, an der Baukunst, vor allem durch praktische Betätigung und Studienreisen gelehrt werden soll. Der Künstler hat bereits eine Anzahl bedeutender Mitarbeiter gewonnen. Seine Schüler sollen die ihm übertragenen Bauten unter seiner Aufsicht durchführen. Freiplätze und eine Anzahl von Stipendien stehen zur Förderung des künstlerischen Nachwuchses zur Verfügung. Und so wird auf dem Wege einer privaten Bauschule hoffentlich in die dicken Mauern wienerischer Bauunkultur eine Bresche geschlagen werden. Auch auf dem Gebiete der Innendekoration ist von dieser Stelle aus, die bezeichnenderweise privater Anregung und privater Durchführung überlassen blieb, ein vielseitiges Reformwerk zu erwarten."

Johann (Hans) Mayr wurde am 5. August 1877 in Wien geboren. Er besuchte die Staatsgewerbeschule. Nachdem er auch seine Maurerlehre abgeschlossen hatte, studierte er bei Otto Wagner an der Akademie der bildenden Künste und bekam 1900 den Füger-Preis, 1901 den Hofpreis und 1902 den Spezialschulpreis für seine Diplomarbeit, einen avantgardistischen Hotelentwurf, verliehen. Bereits ab 1900 veröffentlichte er seine Arbeiten in der Zeitschrift *Der Architekt* – darunter Entwürfe, wie das neue „Schmetterhaus" in Troppau (Mähren, 1901), ein eigenes Atelierhaus (1902/03) und weitere zahlreiche Entwürfe für Jugendstil-Villen (1903). Dem 1. Preis beim Wettbewerb für den Entwurf der neuen Sparkasse in Jägerndorf (Schlesien) mit Leopold Bauer 1904 folgten vorwiegend Projekte für Eckhäuser, Doppelhäuser und Wohnhausbauten. 1908 gründete Hans Mayr zusammen mit Theodor (Heinrich) Mayer die Bürogemeinschaft „Mayr & Mayer". In der Zeit von 1908 bis 1918 realisierten die beiden eine beachtliche Anzahl größerer Bauprojekte, die sich in ihrer Stilrichtung als sehr eng verwandt zur Otto-Wagner-Schule präsentierten. Ihre erste gemeinsame Arbeit war der vielbeachtete Teesalon „Kamp-Hu" in der Seilergasse der Wiener Innenstadt 1908. Dem Projekt im Jahr 1909, dem Einfamilienhaus eines Rittmeisters, folgten zahlreiche Wohnhausprojekte und Großaufträge, etwa für die Bielitzer Sparkasse ein Bürohaus zu errichten (1909), den Evangelischen Friedhof mit Kapelle im Jahr 1910 zu planen und zu bauen. 1912 entstanden die Handelsschule Allina und der Großstädtische Komplex des Österreichischen Bühnenvereins in der Dorotheergasse 6–8, an dem auch Rudolph Michael Schindler – noch als talentierter Student – beteiligt war. Einen weiteren Höhepunkt in Hans Mayrs Schaffen war das Projekt eines Künstlerhauses, mit dem er bei einem Wettbewerb in Klagenfurt im Jahr 1911 den ersten Preis gewann. 1914 war er Gründungsmitglied des Österreichischen Werkbundes. Am 1. Dezember 1918 ist Hans Mayer in Ober-St.-Veit in Wien verstorben. Nach seinem Tod wurde es um das „Mayr & Mayer"-Unternehmen still

Rudolph Michael Schindler wurde am 10. September 1887 in Wien geboren. Er studierte von 1906 bis 1913 in Wien Bauingenieurwesen und Architektur bei Otto Wagner und Adolf Loos. Während seiner Studienzeit arbeitete er im Architekturbüro Mayr & Mayer in Wien und verfasste 1912 sein bemerkenswertes Manifest über den Raum. 1914 reiste Schindler in die Vereinigten Staaten nach New York City und Chicago, wo er drei Jahre lang in einem Architekturbüro als Zeichner tätig war.

1917 wechselte er für vier Jahre in das Büro von Frank Lloyd Wright. Dort betreute er weitgehend eigenständige Projekte und übernahm 1920 die Bauleitung am Haus Barnsdale in Los Angeles. 1921 plante und baute er zusammen mit seiner Ehefrau Sophie Pauline Gibling, dem befreundeten Bauingenieur Clyde Chace und dessen Frau Marian ein Wohnhaus mit Büro in West Hollywood. Dieses mehrflügelige Haus gehört zu Schindlers bedeutendsten Bauten. 1926 gründete Schindler zusammen mit Richard Neutra die Architectural Group for Industry and Commerce, und die beiden erarbeiteten gemeinsam einige bedeutsame Projekte, ehe sich ihre Wege 1930 wieder trennten. Während dieser gemeinsamen Zeit entstand Schindlers wichtigstes Bauwerk, das Strandhaus für Philip M. Lovell, das vor allem durch sein über zwei Etagen völlig offen liegendes Betontragwerk auffällt. Vorwiegend plante und baute er Privathäuser in Südkalifornien. 1951 diagnostizierten die Ärzte bei ihm Krebs, und er verstarb am 22. August 1953. Insgesamt bearbeitete er über 330 Projekte, wovon etwa 150 erbaut worden sind. Zu seinen Lebzeiten wurde seine Arbeit von Architekturkritikern und Theoretikern wenig beachtet, vermutlich weil sich seine Arbeit selten auf Großprojekte konzentrierte und es sich meist um kleinere Wohnhäuser und Villen handelte. Seit den achtziger Jahren erleben seine Bauwerke allerdings in Europa und in den USA eine Renaissance bei Kritikern und finden Zuspruch bei Architekturkennern. Rudolph Michael Schindler gilt auch innerhalb der USA als wichtiger Vertreter der „klassischen Moderne".

An Herrn LEOPOLD
HAWELKA

Lieber Herr Hawelka,

gratuliere zum bevorstehenden
98er und zum Lebenswerk als
Cafetier. In Bewunderung Ihres
langjährigen Durchhaltevermögens
kniee ich vor Ihnen! Sorgen Sie
dafür, dass wir Raucher auch
weiterhin Ihr wunderbares Cafe
besuchen dürfen! In tiefem Respekt:

W/Manfred Deix

20.3.09

Der „Pate" …

Amir Hawelka

Mein erster Weg war ins Kaffeehaus …

Es war Sonntagmorgen. Der Duft von süßlichem Holz und Stauböl durchdrang meine Nase. Ich stand inmitten eines Meeres aus Stühlen und riesengroßen, runden Steintischen, bei denen ich nicht einmal über die Kante blicken konnte. Geschwungene Kleiderständer standen wie große Türme da und überwachten den Raum. Eigenartige Zeichnungen hingen zwischen Holzvertäfelungen an den Wänden. Manche mochte ich, andere nicht so sehr, und bei einigen stand ich davor und starrte sie stundenlang an. Wie als kleine Fenster in eine andere Welt empfand ich sie und stellte mir vor, ich sei auf einem Schiff und würde durch die Luken blicken – ab und zu ein Dampfstoß aus der Kaffeemaschine und meine Fantasiewelt war vollkommen. Von weitem hörte ich meinen Großvater über den knarrenden, frisch eingeölten Boden in die Küche marschieren. Er ölte den Boden so stark ein, dass ich darauf schlittern konnte. Wie immer bekam ich von ihm ein Stück flaumigen Gugelhupf und mein Vater machte

mir eine heiße Schokolade dazu. So saß ich als kleiner Junge zwischen Großvater und Vater und war glücklich.

Es war die Zeit, als mich mein Vater jeden Sonntag, manchmal auch am Dienstag, unserem traditionellen Ruhetag, ins Café mitnahm. Ich ordnete die Bierflaschen und suchte im Kaffeehaus nach Schillingen, die die Gäste verloren hatten, half meinem Vater beim Kuchenbacken und sortierte die Zuckertazzerln. Mein erster selbstständig gegangener Weg war nicht der Weg zur Schule, sondern ins Kaffeehaus. Und so hatte ich in der Stadt ein zweites Zuhause, und ich glaubte, der Einzige zu sein. Mein Großvater war schon immer sehr früh im Café und stapfte mir mit seinem großen, fest gebundenen Schuhwerk entgegen. Mit Hemd, handgebundenem Mascherl und offenem Gilet saß er dann am Milantisch und tauchte sein Kipferl in den Kaffee. Seine Zähne allerdings waren im Wasserglas und standen daneben. Mein Vater, der genau in der gleichen Adjustierung am Haustisch saß, scherzte ununterbrochen mit ihm. Wie auch heute noch, diskutierten sie ständig über das Geschehen im Café: über die Groß-

mutter und über die Stammgäste und mein Großvater erzählte Geschichten über die Vorkriegszeit, die mich schon damals brennend interessiert haben.
Jeden Dienstag war das Kaffeehaus geschlossen und wir hatten unseren Familientag. Wir hatten Zeit zusammen essen und auch manchmal in Nußdorf spazieren zu gehen. Das absolute Wort hatte, selbst an diesen Tagen, meine Großmutter. Obwohl sie immer zu mir sagte, dass Reden Silber sei und Schweigen Gold, hatte ich immer das Gefühl, dass sie diese Weisheit nur deshalb von sich gab, damit ihr niemand dreinreden könne. Und das galt nicht nur für mich, sondern auch für meinen Vater und meinen Großvater. Wir saßen an diesen Tagen zu dritt am Tisch und meine Großmutter Josefine hatte das Wort, von der Vorspeise bis zum Dessert. Wir drei hörten ihr wie kleine Jungs zu und sagten abwechselnd „Ja" oder nickten gar nur mit unseren Köpfen. Auf dem Heimweg ging mein Großvater in zügigem Tempo traditionell zehn Schritte voraus und behielt immer den nötigen Abstand bei. Ich bekam währenddessen noch weitere Erzählungen zu hören und als sie dann zu den Pointen kam, blieb meine Großmutter stehen und blickte mir tief in die Augen, um ganz gewiss zu sein, dass ich ihr zuhörte und auch alles verstand. So bewegten wir uns allesamt ruckweise nach Hause. Zwischendurch wurde sie von Passanten begrüßt, sie erwiderte und lächelte, als wäre sie in ihrem eigenen Kaffeehaus.
Als ich größer wurde und schon abends ausgehen konnte, besuchte ich des Öfteren meine Großmutter. Im voll besetzten Lokal quetschte ich mich zum Haustisch und sah den Herren Ober beim Vorbeizischen zu, räumte dann meistens die Tassen in den Geschirrmeister aus den 60ern ein und sah meiner Oma beim Buchtelbacken zu. Sehr oft, wenn wir Sperrstunde hatten, machte sie mir dann noch zu später Stunde einen Kaiserschmarrn mit Äpfeln, den sie irgendwie aus Mehl, Milch und Eiern, ganz nach ihrem Gefühl, zusammenrührte. Als ständiges Inventar waren abends im Café die Ober Engelbert und Eduard anzutreffen. Sie schwangen mit unglaublicher Schnelligkeit die Tabletts mit Kaffee durch die rauchige Luft. Das beeindruckte mich sehr. Und währenddessen stopfte meine Großmutter die Gäste wie Sardinen an ihre Sitzplätze, rannte zwischen der Türangel und der Küche hin und her, um gleichzeitig nach den Gästen und den goldbraunen Buchteln im alten Ofen zu sehen.
Nach einigen Jahren, in denen ich eine Ausbildung im Nobelrestaurant „Zu den drei Husaren" genossen und in verschiedenen Betrieben Erfahrung gesammelt hatte, begann ich mit Herrn Eduard den Abenddienst zu teilen. Im Smoking und schwarzen Mascherl kam ich, über eine uralte Wendeltreppe, aus dem Keller ins Lokal hinauf

und stand an meinem ersten Arbeitstag im Café mitten unter den Gästen. Jeder Stuhl wurde von der Oma-Chefin besetzt und die Bestellungen kamen von allen Seiten gleichzeitig. Drei Große Braune, fünf Melangen, drei Bier, dazu vier Schnaps, zwei Teller Buchteln und ein kleiner Mokka ... ich hatte keine Zeit, um mir irgendetwas aufzuschreiben. Alles auf Silbertabletts traditionsgerecht vorbereiten, Kaffee draufstellen und zum Gast abschwirren. Ich musste mir die Gesichter zur Bestellung merken und auch den Tisch. Alles auf Bons schreiben, abreißen und die Chefin hat kontrolliert. Das ist den ganzen Abend so weitergegangen. Mit Argusaugen beobachtete meine Oma jeden einzelnen meiner Schritte. Und wenn ich zu lange bei einem Gast verweilte, um einige Worte auszutauschen, stand sie sofort hinter mir und zog mich am Ellbogen.

Zur Sperrstunde, die offiziell um zwei Uhr früh war, begann sie mit der Abrechnung. Sie setzte sich ihre Proksch-Brille auf und begann die Bons zu sortieren und abzuzählen, rechnete im Kopf die Beträge aus und ich bekam einen handgeschriebenen Losungsbogen in Kurrentschrift vorgelegt und einen Betrag zur Auszahlung, den ich als gegeben hinnehmen musste. Um ungefähr halb vier Uhr in der Früh waren wir dann fertig. Ziemlich fertig.

Ich lernte in dieser Zeit die verschiedensten Gäste kennen, begann mich für Bilder zu interessieren, bekam einen Bezug zu antiquarischen Sachen und lernte meine Großmutter sehr gut kennen. Sie sagte einmal: „Neue Sachen werden alt, doch die alten Sachen bleiben immer neu." So verdanke ich meinen Großeltern die positive Einstellung zur Erhaltung des Kaffeehauses. Mein Bruder und ich fühlen uns als „Kaffeehauserhaltungsgeneration", die der Tradition folgt und das Geschaffene nicht durch Neues ersetzt, sondern bemüht ist, die Geschichte, die in jedem Thonetstuhl steckt weiterzutragen. Ich hoffe bis ins hohe Alter, so wie mein Großvater, der in diesem Jahr seinen 98. Geburtstag feierte. Angefangen von den Großeltern, die den Grundstein gelegt haben, über meinen Vater, der mit unermüdlicher Kraft die Brücke zwischen seinen Eltern und uns als dritter Generation gelegt hat. Uns ist die Kaffeehauskultur ein wichtiges Erbe, das nicht nur Repräsentation für die Familie bedeutet, sondern ein Stück Wien ist. Mit all den verschiedenen Gästen, ob nun Alte oder Junge, Menschen unterschiedlicher Nationalitäten, verschiedener Herkunft oder Religion – sie alle sollen sich bei uns wohl fühlen.

Reden ist Silber, Schweigen ist Gold ...

Die Kunst des schrägen Mascherls beherrscht auch die dritte Generation.

Michael Hawelka

Mit den Augen des Jüngsten

Bereits mit sechs Jahren hatte ich meine ersten Erfahrungen im Café. Mein Vater hatte mich mit ins Kaffeehaus genommen. Ich wollte ihm beim Arbeiten helfen, indem ich mich auf das Nachfüllen der kleinen gläsernen Zuckertazzerln konzentrierte, während mein Vater den Kaffee zubereitete. Es war, ich kann mich noch genau erinnern, ein hektisches Treiben aller Beteiligten. Von der Küchenhilfe über den Ober bis zu den hereinströmenden Gästen. Wahrscheinlich brachte mein Vater es nicht über sein Herz mich zu bitten, am Personaltisch Frieden zu geben, damit er in „Ruhe" arbeiten konnte. Meine Großmutter war zu diesem Zeitpunkt noch nicht im Lokal. Sie hätte meiner bescheidenen Tätigkeit bestimmt schnell ein Ende bereitet. Umso mehr bemühte ich mich der zunehmenden Hektik nachzukommen. Bis zu dem Moment, als Herr Ober Eduard genug hatte.
Da sich im Kaffeehaus niemand ein sensibles Blatt vor den Mund nimmt und schon gar nicht die Herrn Ober, sagte er mit schlichten Worten: „Herr Günter, jetzt is aber genug!" und deutete auf mich – wir wussten Bescheid. In seiner bestimmten Art beendete Herr Eduard beiläufig meinen ersten, aber nicht letzten Arbeitstag.
Jahre später, nach der Mittelschule in Pressbaum, wechselte ich in die Hotelfachschule Modul. Nach meinen ersten Erfahrungen im Catering und Kurzeinsätzen in Hotelbetrieben sowie diversen Restaurants besetzte mich mein Vater als Aushilfskraft im Café. So schnupperte ich samstags nachmittags in die Welt des Kaffeehauses. Wie viele Stammgäste, bekannte Stadtbürger und internationale Gäste ich in stürmischen Zeiten mit Bier, Rotwein, Kaffee und heißer Schokolade angeschüttet habe, kann heute nur noch geschätzt werden. Einmal, es war an Silvester, hatte ich Piccolo-Dienst bei einem gewissen Herrn Ober Haagen. Ich wollte gerade einen größeren Tisch ausservieren und hatte stolze fünf Silbertabletts auf der Hand. Ober Haagen kassierte gerade einen Tisch ab und beugte sich über seine handgeschriebene Rechnung. In der Sekunde, als ich hinter ihm vorbeitänzeln wollte, bedankte er sich bei seinen Gästen, drehte sich mit einem schnellen Schritt in meine Richtung und wir krachten frontal aufeinander. So still wurde es selten im Café. Er hatte noch eine halbe Stunde bis zu seinem Schichtwechsel, aber er konnte sich nicht zurückhalten. Von oben bis unten, in allen möglichen Farben auf smoking-schwarzem Hintergrund vollgeschüttet,

kündigte Herr Haagen nach sieben Jahren seinen Dienst. Das Lokal blieb voll und Herr Ober Haagen ging.
Ich erinnere mich auch gerne an die unzähligen Ratschläge und berühmten Vorträge meiner Großmutter, die immer eine Portion Weisheit in sich hatten. Ihre Gastfreundlichkeit und Geduld, die sie an den Tag legte und für ihre Gäste aufbrachte, kennt noch jeder, der sie einmal erlebte. Oder die Wichtigkeit der Qualität der Mehlspeisen, auf die sie stets achtete. Obwohl diese schon seit längerer Zeit mein Vater zubereitete, hörte man noch oft „Schaun'S, die Frau Hawelka mocht die Buchtln no söwa", wenn die Gäste sahen, wie Frau Josefine Hawelka spätabends die Buchtelpfannen ins Rohr schob. Wie oft hat sie auch gesagt: „Wenn das wer sieht, steh ma morgen in der Zeitung" – etwa wenn ich zum Beispiel einen für sie gravierenden Fehler machte.
Heute glaube ich nicht mehr, dass sie Recht hatte, sondern ich weiß es! Wie eines Tages, als etliche Male ein Cappuccino bestellt wurde. Ich möchte nicht sagen, dass ich meine Geduld verlor, aber ich sagte dem Gast in typischer Obermanier: „Bei uns gibt es keinen Cappuccino. In Italien können S' einen Cappuccino bestellen, bei uns gibt es eine Melange." Der Gast entschuldigte sich natürlich für seinen Fauxpas und wurde mit einer Melange belohnt. Als ich am nächsten Tag eine Tageszeitung durchblätterte, musste ich plötzlich folgenden Artikel lesen: „Im Hawelka wird man gebeten nach Italien zu fahren, wenn man einen Cappuccino bestellt." Ich traute meinen Augen nicht ... und musste an meine Großmutter denken.
Frau Josefine Hawelka war auch immer schon stolz darauf in 66 Jahren nie ein Schlägerei im Café erlebt zu haben. Einmal soll ein Thonetsessel über die Theke in die verspiegelte Bar geflogen sein, weil zwei Schachspieler zum Streiten anfingen, aber ansonsten blieb es bei Wortgefechten. Wir Hawelkas schwören seit jeher auf die Kunst der Diplomatie und auf das Lokalverbot, falls sich unangenehme Gäste breit machen wollen. Diesbezüglich ist mein Großvater bis heute konsequent. Vor einiger Zeit wollte ihm ein stadtbekannter Gastronom mit Blumen in der Hand zum Geburtstag gratulieren. Allerdings hatte jener Gast Jahre zuvor Lokalverbot bekommen. Leicht geschmeichelt nahm mein Großvater die mitgebrachten Blumen entgegen und sagte darauf: „Danke Herr ... für die Blumen", und nach einem stillen Augenblick der Dankbarkeit fügte er trocken hinzu: „Aber jetzt kannst glei wieder marschieren!"
Jede Hawelka-Ära hat ihren ganz persönlichen „Kaffeehausfeind", den es zu bewältigen gilt. Für meinen Großvater war es der Fernseher, für meinen Vater waren es die

Zwischen alter k.u.k. Kaffeefilter-
maschine und modernem
Boniersystem: die bis heute
unverspiegelte Bar.

industriell produzierten Mehlspeisen, die plötzlich überall verkauft wurden. Mein Bruder zerbrach sich über die Verbreitung der amerikanischen Kaffeehauskultur den Kopf, abgesehen vom Rauchverbot. Und ich musste mich vor kurzem rechtfertigen, warum der Laptop in einem Alt-Wiener Kaffeehaus erlaubt wird. Unsere Richtlinie lautet: Zuerst müssen Neuigkeiten den Tagestrend überstehen und eine gewisse Notwendigkeit aufweisen, erst dann werden diese im Kaffeehaus gewährt. Deswegen haben wir uns ja kaum verändert. Und die Architekten haben in unseren Räumlichkeiten eine Perfektion angestrebt, die sich heute noch mehr als messen kann. Besonders in unserer schnelllebigen Zeit sind die Menschen dankbar für eine Konstante. Wie muss sich wohl ein langjähriger Stammgast gefühlt haben, als er nach seinem 15-jährigen Auslandsaufenthalt zurück nach Wien in sein unverändertes Hawelka kam und hier mit den Worten begrüßt wurde: „Ah Herr ...! Zurück von Ihrer Odyssee? Ein Soda Zitron, so wie immer?“

Wiens bekannte Kaffeehäuser in der heutigen Zeit

Unzählige Ereignisse und Einflüsse haben das Wiener Kaffeehaus über Jahrhunderte hindurch geprägt und es zu dem gemacht, was es heute ist. Verändert oder unverändert – jedes zählt für sich zu den Kulturträgern der Kaffeehausstadt.

Im Café Alt-Wien in der Bäckerstraße haben bereits Josefine und Leopold Hawelka während ihrer drei Jahre als Pächter eine spürbare Atmosphäre hinterlassen. Es ist auch heute noch ein Platz, um länger als geplant sitzen zu bleiben und jene echte Wiener Kaffeehausatmosphäre zu genießen, die heute schon sehr selten geworden ist.

Zu den am besten erhaltenen Kaffeehäusern in Wien zählt auch das Café Sperl, das über eine unverfälschte, wenngleich stark restaurierte Einrichtung verfügt. Doch ein Hauch von Restaurantcharakter durchzieht die Atmosphäre des echten Alt-Wiener Kaffeehauses, seit die Wiener Küche einen festen Platz auf der Speisekarte eingenommen hat.

Das 1899 eröffnete Café Museum wurde von Adolf Loos entworfen und lange Zeit von Künstlern „bewohnt". Berühmte Maler und Komponisten wie Egon Schiele, Gustav Klimt und Franz Lehár zählten zu den Stammgästen im Café Museum. Bereits 1930 wurde die von Adolf Loos stilvoll kreierte Innenausstattung erbarmungslos verändert, womit das Café Museum schon damals viel an Wiener Kaffeehauskultur und Tradition einbüßte.

Das Café Prückel ist noch eines der schon rar gewordenen Cafés an der Ringstraße und zählt damit seit seiner Eröffnung 1903 zu jenen Wiener Kaffeehäusern, die noch vieles bieten, worauf der verwöhnte Kaffeehausbesucher Wert legt, und besitzt eine noch teilweise originalgetreu erhaltene Einrichtung.

Im Café Landtmann direkt am Dr.-Karl-Lueger-Ring sieht man heute noch zahlreiche Politiker sitzen und in Wiener Kaffeehausmanier diskutieren, wobei auch in diesem Haus der Restaurantcharakter immer mehr in den Vordergrund rückt.

Am 30. Oktober 1986 wurde das Café Central an seinem ursprünglichen Ort in der Herrengasse wiedereröffnet. Die Pappmaché-Figur von Peter Altenberg erinnert noch an das einstmalige berühmte Literatencafé. Die große Säulenhalle wurde 1986 aufwendig wiederhergestellt und das Café ist, seiner Geschichte und der zentralen Lage wegen, immer noch ein berühmter Ort für jeden Wien-Besucher.

1990 wurde das ehemalige Literatencafé Griensteidl in einem neuen Haus am alten Platz wieder eröffnet. Das heutige Griensteidl am Michaelerplatz hat mit jenem von einst nur mehr wenig gemeinsam. Durch die Literaten von „Jung Wien“ ist es heute in Wien bekannt. Es liegt sehr zentral, an der touristischen Pilgermeile Hofburg–Kohlmarkt–Graben–Stephansplatz, und ist für Wien-Besucher ein willkommener Ort, um sich auszuruhen.
Die Wiener Küche, der Wiener Wein, die Wiener Musik und das Wiener Kaffeehaus lockern alle Abwicklungen, die in dieser Stadt passieren, in reizender Weise auf und machen sie zu einem Vergnügen. Mit Wien lassen sich bekanntlich sehr viele Dinge in Verbindung bringen, die einzig dieser Stadt eigentümlich sind. „Riesenrad, Stephansdom und das Café Hawelka!“, so hat Altbürgermeister Helmut Zilk die Donaumetropole umschrieben.

Wiener Kaffeehausstatistik

1784 zählte man in Wien 64 Kaffeehäuser, 15 Jahre später gab es bereits 81 erteilte Genehmigungen. Zwischen 1790 und 1804 stiegen die Kaffeepreise rapide um 30 Prozent, die Folge war eine Stagnation der Wiener Kaffeehauswirtschaft, da der Kaffee in dieser Zeit für viele unerschwinglich geworden war. Im Jahre 1804 war ein erneuter Aufschwung mit 89 registrierten Betrieben in Wien zu beobachten. Vier Jahre später, im Februar 1808, musste Österreich die von Napoleon gegen England verhängte Kontinentalsperre anerkennen, was eine Verknappung von Kaffee mit sich brachte. Das Wiener Kaffeehaus hatte seine erste bedrohliche Krise zu bestehen. Die Kaffeesieder griffen zu allen möglichen Ersatzmitteln (Zichorie, Feigen, Roggen, Gerste, aber auch Zwetschkenkerne), um weiterhin den Gästen Kaffee so schmackhaft wie möglich anbieten zu können. Ein Versuch, dem nur mäßiger Erfolg beschieden war. Um den Ruin der Kaffeehäuser abzuwenden, wurde das Servieren von warmen Speisen erlaubt. Damit reduzierten sich die Unterscheidungsmerkmale zwischen Gasthaus und Café erheblich und das Wiener Café-Restaurant war entstanden. 1813 war die Handelssperre wieder aufgehoben. In der Zeit des Wiener Kongresses, der vom 18. September 1814 bis 9. Juni 1815 stattfand, begann das Geschäft der Wiener Kaffeesieder zu blühen, und das setzte sich im Verlauf des 19. Jahrhunderts fort. Es entstanden Luxuscafés, in denen erstmalig auch Wein zu den warmen Speisen angeboten wurde. 1857 zählte man in Wien erstmals 100 konzessionierte Kaffeesiederbetriebe und bis 1873 konnte man eine Verdoppelung dieser Anzahl verzeichnen. Von 200 Kaffeehäusern des Jahres 1873 war die Zahl im Jahr 1910 auf 1.202 Kaffee ausschenkende Betriebe angestiegen. Die Anzahl hatte sich versechsfacht. Wien war auf dem Weg, eine wirkliche Kaffeehausstadt zu werden. Auch in der Folgezeit blieb die Anzahl der Gewerbe relativ gleich. Es gab in der Kriegszeit 1914 bis 1918 naturgemäß einen Rückgang. Manche Lokale mussten schließen und manche wurden anderen Verwendungszwecken zugeführt, und an Neugründungen war in dieser Zeit nicht zu denken. Auch in der nachfolgenden Zeit der Inflation, der wirtschaftlichen Stagnation und der aufkommenden Arbeitslosigkeit konnte man keineswegs von einem Aufblühen dieses Gewerbes sprechen. Trotzdem überdauerte das Kaffeehaus diese Tiefpunkte. 1938, im Jahr des „Anschlusses", zählte man in Wien 1.283 privilegierte Kaffeehausbetriebe. Bis 1955 war ein mäßiger Rückgang auf 1.183 Kaffeehauskonzessionen zu beobachten; 1965 gab es 1.146 Kaffeehäuser. Krisen und Aufschwünge oder neu eingeführte Lokaltypen geben uns heute in Wien die Möglichkeit, zwischen 584 Kaffeehäusern, 705 Café-Restaurants, 182 Café-Konditoreien und 1.083 Espressos zu wählen.

Nachwort

Das Café Hawelka vermittelt nach wie vor ein besonderes Gefühlserlebnis. Hier findet menschliches Zusammenleben noch in einer Weise statt, wie es nur der Kaffee im Zusammenspiel mit richtigen Umgangsformen und einem stimmigen Ambiente bieten kann. Ein derartiges Paradies, von dem wir alle dachten, so etwas gäbe es heute nicht mehr, ist mit einer enormen Anziehungskraft behaftet.
„Nur net hudeln!" ist seit eh und je des Wieners Leitsatz und unterstreicht seine Mentalität. Wenn er sich auch dann und wann davon abbringen lässt und das Gefühl verspürt, auf die „Überholspur" wechseln zu müssen, so kann er dennoch seiner Persönlichkeit nicht entfliehen. Der wahre Wiener Kaffeehausliebhaber lässt sich daher beim Kaffeegenuss Zeit. Ein schneller Schluck im Vorübergehen ist für ihn undenkbar. Wer einen schnellen Kaffee im Stehen zu sich nehmen will, wird in einem „echten" Wiener Kaffeehaus nur mitleidige Blicke ernten und sollte sich besser auf die Suche nach einem neumodischen Stehcafé machen. Wer ins Hawelka kommt, hat Zeit und genießt – neben echt wienerischen Kaffeevariationen, Kultur, Tradition und familiärer Gastfreundlichkeit – jeden Augenblick seines Daseins. Während wir hier bereits regelmäßig verweilen und zu verstehen gelernt haben, warum uns das Hawelka bis zum letzten Platz besetzt gut besucht, aber niemals überfüllt erscheint und uns trotz mangelnder Belüftung die rauchige Atmosphäre nicht stört, sollte jeder, der noch nicht da gewesen ist, neugierig sein und sich angezogen fühlen, über einen derartigen Ort der Verzauberung nicht nur zu lesen, sondern diesen auch zu erleben.

Die Autorin

SONJA MOSER, *geboren in der Steiermark, lebt in Wien und ist leidenschaftliche Kinder- und Jugendbuchautorin. Sie verwirklicht sich ebenso gerne im Schreiben von Drehbüchern wie im Kinder- und Jugendtheaterbereich. Mit „Mein bester Freund – die Sonne", „Der Weihnachtskalender", „Weltreise", und „Das doppelte Lottchen" führte sie zusammen mit zwei Kolleginnen fünf Jahre lang ein erfolgreiches Theaterprojekt in der Steiermark. Als Wien- und Kaffeehausliebhaberin fühlt sie sich der Kultur und den Traditionen der Kaffeehausstadt in besonderer Weise verbunden.*

Literaturverzeichnis

Franz Hubmann, Café Hawelka. Ein Wiener Mythos. Literaten, Künstler und Lebenskünstler im Kaffeehaus. Wien 2001

Günter Hawelka, Hawelka Melange. Eine b'sondere Mischung aus dem Hawelka. Wien: Eigenverlag 2003

Königin Josefine. Die Hawelkas und ihr Café. Filmproduktion 2002 der MMKmedia GmbH und des ORF. Regie: Andrea Eckert

Medienmappe der Familie Hawelka

Kurt-Jürgen Heering (Hrsg.), Das Wiener Kaffeehaus. Frankfurt am Main u. Leipzig 1993

Petra Neumann (Hrsg.), Wien und seine Kaffeehäuser. Ein literarischer Streifzug durch die berühmtesten Cafés der Donaumetropole. München 1997

Birgit Schwaner und Kurt-Michael Westermann, Das Wiener Kaffeehaus. Legende, Kultur, Atmosphäre. Wien: Pichler Verlag 2007

Fritz Riha, Das alte Wiener Kaffeehaus. Salzburg 1967

Karl Teply, Die Einführung des Kaffees in Wien. Georg Franz Kolschitzky, Johannes Diodato, Isaak de Luca. Wien 1980

Gustav Gugitz, Das Wiener Kaffeehaus. Ein Stück Kultur- und Lokalgeschichte. Wien 1940

Die Wiener Moderne. Literatur, Kunst und Musik zwischen 1890 und 1910. Stuttgart: Reclam 1981

Wien Aktuell, Jg. 1961, herausgegeben von der Fremdenverkehrstelle der Stadt Wien

Albrecht Bangert, Thonet-Möbel. Antiquitäten. München 1979

Gebrüder Thonet. Möbel aus gebogenem Holz. Wien 2003

Andreas Augustin, Das Cafe Central treasury. Geheimnisse eines berühmten Kaffeehauses. London 2007

Robert Menasse, Überbau und Underground. Die sozialpartnerschaftliche Ästhetik. Essays zum österreichischen Geist. Frankfurt/Main 1997

Hans Weigel, Spitzen, Splitter und Chansons. Ausgewählte Texte, herausgegeben von Elfriede Ott. Wien: Molden 2005

Dietmar Grieser, Schauplätze österreichischer Dichtung. Ein literarischer Reiseführer. München-Wien 1974

Weitere Quellen

Kaffee Kompetenz Zentrum Wien, Edmund Mayr: www.kaffeekompetenzzentrum.at

Kaffeemuseum Wien, Edmund Mayr: www.kaffeemuseum.at

Architekturzentrum Wien

Stadtbauamt Wien

www.aeiou.at

www.123people.at

www.kulturstadtwien.at

www.thonet.at

www.austriart4u.tsn.at

www.architektenlexikon.at

www.wagner-otto.de

www.ottowagner.com

www.planet-vienna.com

www.whoswho.de

www.georgdanzer.at

Danksagung

Als Autorin dieses Buches habe ich mich sehr bemüht, den Lesern so viel Wissenswertes wie nur möglich über das umfangreiche Thema „Wiener Kaffeehaus" nahezubringen. Viele Namen und Ereignisse, die diesen Kulturträger ausmachen, spielen eine besondere Rolle. Viele wurden von mir beschrieben und noch mehr konnten der Vielzahl wegen nicht genannt werden.

Mein besonderer Dank geht in erster Linie an die Familie Hawelka. Zuallererst an Josefine, die ich leider persönlich nicht mehr kennen lernen durfte, und an Leopold und Günter, deren unermüdlicher Einsatz das Kaffeehaus zu dem gemacht hat, was es heute ist. Amir und Michael Hawelka möchte ich meinen Dank für ihr Vertrauen, für die Unterstützung und die Bereitschaft aussprechen, das Buch zusammen mit ihrem Vater herauszugeben. Die Zusammenarbeit mit den beiden war eine wunderbare Erfahrung, und auch Günter Hawelka stellte sich jederzeit für Interviews zur Verfügung. Ich bin sehr stolz, dass ich das Kaffeehaus und die Familie Hawelka auch als Familie kennen lernen durfte und sich daraus für mich eine ganz besondere Art an Freundschaft entwickelt hat.

Ebenso geht mein Dank an die Herren Ober, die sich bereitwillig für Interviews zur Verfügung gestellt haben, und an Ottwald John, der schon seit 1960 Stammgast im Hawelka ist und mir einige interessante Geschichten erzählt hat. Mein Dank gilt auch Edmund Mayr, der das Kaffee Kompetenz Zentrum und das Kaffeemuseum im fünften Wiener Gemeindebezirk für Fotoaufnahmen zur Verfügung gestellt hat, und den Mitarbeitern des Architekturzentrums und dem Stadtbauamt, die für Archivrecherchen bereitwillig ihre Hilfe angeboten haben.

Eine weitere sehr herzliche Art an Dank geht an meine beiden Kinder Bianca und Dominik, an meine Eltern und an meine Freunde, die während der Zeit, in der ich an diesem Buch gearbeitet habe, sehr viel Geduld und Nachsicht aufgebracht haben.

Sonja Moser

CAFÉ HAWELKA

Dorotheergasse 6
A-1010 Wien
Tel.: +43 (0) 1 512 82 30
E-Mail: office@hawelka.at
Web: www.hawelka.at

An Wochentagen:
8:00 h bis 2:00 h
(Buchteln ab 22 Uhr)

An Sonn- und Feiertagen:
10:00 h bis 2:00 h

Dienstag: RUHETAG

Öffentlich erreichbar:
Buslinie 3A, U1 und U3 –
Station Stephansplatz

CAFÉ
LEOPOLD
HAWELKA
CAFÉ
LEOPOLD
HAWELKA
JOSEFINE

Bildnachweis

FOTOGRAFENTEAM
Peter Batko (*www.fotocommunity.de/pc/account/myprofile/1139380)*
Georg Rohrer (*www.fotocommunity.de/pc/pc/mypics/869744*):
Coverbild vorne, 2, 4, 13, 22/23, 24–29, 36, 38–44, 69, 72, 75–76, 80–81, 82–83, 85, 88–89, 104–105, 107–110, 112, 117–122, 125, 128–129, 135–137, 138 (li. und Mitte), 139, 141, 154, 172, 176, 179, 181, 183, 184, 186–187, 194, 197, 198/199, 202/203, 205, 211–212, 217–219, 222–229,
Veniamin Kostitsin-Teterin (www.detarusa.com: 18/19, 70, 86, 91, 173, 174, 188–189, 201 (li.), 235, 239–240
Sepp Dreissinger: 10/11, 132/133, 152–153, 162–163, 165, 182,
Jürgen Mai/panorama380.com: 236/237
Berthold Steinhilber: 37, 169, 185,
Christopher Wentworth-Stanley: 158–159
Franz Hubmann, IMAGNO: 9, 62, 64, 102–103, 106, 113–116, 142, 206, 215, 221,
IMAGNO/Austrian Archives: 60, 79,
Amir Hawelka: 6, 65–67, 73, 77, 111, 130, 166–167, 175, 176/177, 178,
Foto- und Bildersammlung der Familie Hawelka: 52–55, 68, 90, 93–101, 124, 126–127, 131, 138 (re.), 144–151, 155–157, 160–161, 164, 170–171, 180, 196, 201 (re.), 234, 242,
Berta Schönbauer/ÖRAG: 58
Kaffeemuseum Wien: 31, 33, 34, 45, 49, 50, 61,
Wien Museum: 14, 57,
Österreichische Nationalbibliothek: 15